日记十招

特级教师高子阳教你轻松写日记

高子阳 著

人民邮电出版社

北京

图书在版编目（ＣＩＰ）数据

日记十招 : 特级教师高子阳教你轻松写日记 / 高子
阳著. -- 北京 : 人民邮电出版社, 2022.11
ISBN 978-7-115-60166-7

Ⅰ. ①日… Ⅱ. ①高… Ⅲ. ①日记－写作－小学－教
学参考资料 Ⅳ. ①G624.243

中国版本图书馆CIP数据核字(2022)第188255号

内 容 提 要

日复一日的日记作业，让不少学生都头疼"不知道写什么，不知道如何写"。其实，写日记不是做作业，而是对自己每天所做、所思、所想进行记录。如果不记录，很多精彩就会被彻彻底底地忘记。

本书通过10个日记妙招，帮助小读者逐步掌握写日记的要领，并打开写作的"脑洞"。书中没有死记硬背的框架和模板，而是通过高子阳老师亲切有趣的话语，带领小读者启发日记写作的思路，从无话可写到思如泉涌，找到写作的乐趣。

当你不会写日记，找不到日记主题，怎么想都想不到写什么时，不妨翻开这本书，你会发现——写日记原来如此有趣、简单！

◆ 著　　　　高子阳
　　责任编辑　朱伊哲
　　责任印制　周昇亮

◆ 人民邮电出版社出版发行　　北京市丰台区成寿寺路 11 号
　　邮编　100164　电子邮件　315@ptpress.com.cn
　　网址　https://www.ptpress.com.cn
　　涿州市殷润文化传播有限公司印刷

◆ 开本：700×1000　1/16
　　印张：12.5　　　　　　　　2022 年 11 月第 1 版
　　字数：138 千字　　　　　　2025 年 10 月河北第 13 次印刷

定价：49.80 元

读者服务热线：**(010)81055296**　印装质量热线：**(010)81055316**
反盗版热线：**(010)81055315**

高老师来了！

高子阳

从小学到现在连组长都没有当过，是最"纯"的一线小学语文老师。

2010 年评上省特级教师后，坚持每年出版一本书。

2016 年评上中国推动阅读十大人物后，读书不敢停止了。

2017 年评上正高级职称后，"第一语文"公众号天天更新了。

在国内外上课、举办讲座近千场，他们说："喜欢我的不一样的课堂。"

20 多年不停地研究"让 100% 的学生爱读爱写"的课题。

潜心于读写之间，生活于课堂之中，

做一位明明白白的老师，让一个个学生爱上读写。

爱上写作，从写日记开始

亲爱的小朋友们，你们喜欢写日记吗？

大声说"喜欢"的，不一定真喜欢。事实上，很多学生不喜欢写日记。这该怎么办呢？

高老师知道这是一个大难题！但我非常高兴地告诉大家，这个难题被我攻克了。

我的学生按照我的办法，写上两三个月，就爱上了写日记；坚持写两三年，或者坚持写到 6 年级结束，写作习惯就养成了。

有一年，我教过的两个正在读初二的学生回校看我，他们告诉我一件特别有趣的事。一次，他们的语文老师问："一直写日记的同学请举手。"全班只有两个学生举起了手，就是他俩。他们的语文成绩如何？肯定是相当棒了！临别的时候，他俩告诉我："高老师，请相信我们，我们肯定会把日记继续写下去的。"

只要养成了写日记的习惯，初中、高中的写作就都不怕了，很容易就能取得好的语文成绩。

那养成这一习惯的秘诀是什么呢？就是这本书所写的 10 个妙招了！这 10 招，不要求大家每个都做，选择几招做起来就可以了！

肯定有人会问："高老师，日记不会是每天都写吧？每次写多长时间合适呢？"

日记，日记，每天写，才是日记；一天不写，几天不写，那就不是日记。因为几天不写，再好的习惯都会消失的。有人说，养成一个习惯需要 21 天，养成一个稳定的习惯需要 90 天，但要毁掉一个良好的习惯，只要停下来、几天不做就可以了。

所以，日记需要每天写，把写日记当成每天的第四顿饭（第五顿饭是读书 1 个小时），当成每天必做的大事，而做这一件大事每天只需要花 15~20 分钟就行，千万不要耗费太多的时间。记住，一定要高高兴兴地写日记，永远不要带着烦恼做事情。

世界上所有人的每一天都有 24 个小时，这非常公平。任何一个人的每一天不可能都安排得满满的，不可能腾不出 15~20 分钟。如果你真的腾不出，那么世界上再好的写作智慧，也不可能属于你。

写日记就是做事，要认真去做。每天写一写，每天认认真真地写一写，就是认真地做写日记这件事。

有人说，一个人做一件事，如果能坚持做 10000 个小时，他一定会成功；如果坚持做 30000 个小时，他一定会成为大师级的人物。每天做 1 个小时，做 10000 个小时就是坚持 27 年，做 30000 个小时就是坚持 82 年！坚持做了，想不成功都难！

　　亲爱的大朋友们！要记住，孩子拿到这本书后，不是马上就让他自己去读、去做，孩子的每一次进步，都离不开老师和家长的引导、支持。

　　希望老师和家长给予孩子不定期的督促、长时间的陪伴和欣赏！

高子阳

目 录

第一招

14天写
"我的第一本日记书"

肯定有同学说："我刚刚开始写日记就让我写书，太难了！我做不到的！"

"不，不，不！你一定做得到。"

有一位作家用一本书告诉大家"人人都可以做到"。这本书就是《金鱼日记》。我们一边读这本书，一边跟着这位作家创作自己的第一本日记书吧！

《金鱼日记》是美国儿童文学作家德文·斯克里恩与美国插画家蒂姆·鲍尔斯共同创作的一本图画书，由常骥超翻译，北京联合出版有限公司出版，荣获了许多国际图书奖项。

我们可以借用《金鱼日记》的形式，创作属于自己的日记书。

第一天

跟着高老师一起来看看，这本书中第一天的日记写了什么呢？

我在鱼缸里游来游去。

没错，这就是"一句话日记"，是不是很简单？

请把你的一句话日记写在下面吧。

____年____月____日/星期____										天气：____ 心情：____	

请记住，就写一句话，不要写两句。写完就可以看书或者做其他事了。

当然，如果你愿意，也可以给刚刚写的那句话画一幅画，最好是彩色的，就画在下面。

今天的日记是不是非常轻松地就完成了？轻松（ ） 不轻松（ ）

下面这则日记，就是我的学生文文写的：

2022 年 6 月 26 日／星期日　天气：小雨　心情：开心
今天早上，我吃的是面条。

这样的日记行吗？行！如果去掉"今天"更好。为什么？因为第一行已经写了"2022 年 6 月 26 日"，也就是说，所有的日记都写了具体的日期，如果再用"今天"开头就重复了，咱们以后千万不要犯这个毛病。所以，这一则日记可以改为：

2022 年 6 月 26 日／星期日　天气：小雨　心情：开心
早上，我吃的是面条。

第二天

你们知道德文·斯克里恩第二天的日记写了什么吗？答案是：

我还在鱼缸里游来游去。

看完这一句，你们是不是笑了？笑完后，请把德文·斯克里恩第一天写的日记拿出来对比着看一看，第二天的日记与第一天的有什么不同？

第一天的日记是："我在鱼缸里游来游去。"

相信大家会异口同声地说："第二天的日记比第一天的多了一个'还'字。"

所以，我的学生文文第二天写的日记是：

2022 年 6 月 27 日／星期一　天气：阴　心情：一般

早上，我吃的还是面条。

作家都可以这样写，你当然也可以这样写！你知道为什么第二天的日记要比第一天的多一个字吗？因为每个"今天"都比"昨天"长了一天，这一天你肯定长了不少本领，所以第二天的日记就要比第一天的多一个字。多一个字就是进步，而人的进步与发展都是慢慢实现的，所以大家不要急，每天多一个字就行，要慢慢来，一口吃不成个胖子。

亲爱的小朋友，你们第二天的日记，也就是比前一天的多一个字的日记，能写出来吗？

___年___月___日/星期___								天气：_____ 心情：_____			

请记住，千万不要写两句，多一个字就行。写完就可以看书或者做其他事了。当然，如果你愿意，也可以给刚刚写的那句话画一幅画，最好是彩色的，就画在下面。

今天的日记是不是非常轻松地就完成了？轻松（　　） 不轻松（　　）

第三天

小朋友，你们知道文文第三天的日记写的是什么吗？根据前面所学，文文第三天的日记是这样的：

2022 年 6 月 28 日／星期二　天气：晴　心情：开心

早上，我吃的**仍然**是面条。

这则日记比昨天的多了一个字，与前两天的不同。也就是说，每天的日记不能写得完全一样，一定要有不同。有不同，就是了不起的进步。

你们知道德文·斯克里恩第三天的日记写了什么吗？打开书，我们一眼就看到了：

我仍然在鱼缸里游来游去。

啧，我们又有了新的发现！德文·斯克里恩还写了一段文字，这段文字是：

也许，我应该打个盹儿。可鱼儿不用打盹儿，所以，我继续游来游去。

也就是说，德文·斯克里恩第三天的日记比第二天的"胖多了"。

此时，我的学生们都说："写两段有什么了不起的，我们都能做到！"

于是，文文的日记中又出现了一段话：

2022 年 6 月 28 日 / 星期二　天气：晴　心情：开心

早上，我吃的仍然是面条。

妈妈看我不想吃面条，瞪了我一眼。我知道，妈妈早晨起来要做很多事，煮面条是最简单的。

亲爱的小朋友，第三天的日记要写两段，你们没有问题吧？如果没有问题，就立即写在下面。

___年___月___日/星期___										天气：___ 心情：___		

写完这两段文字（每一段前要空两格），你用了多长时间？

（　　）分钟。累不累？如果不累，可以试着给这两段话画一幅彩色的画。

今天，我们终于可以写有两段文字的日记了，真舒服！

第四天

第四天的语文课上，我问同学们："你们知道第四天的日记写什么吗？"文文的日记是：

2022 年 6 月 29 日／星期三　天气：晴　心情：复杂

早上，我又继续吃面条！

妈妈看我面条吃得很慢，催我赶紧吃，要不然上学就迟到了。

我赶紧吃了两口，放下碗筷，背起书包下楼去。

都写出 3 段了，进步太快了！

你们知道德文·斯克里恩第四天的日记写了什么吗？我们一起来看一看：

来了一位小伙伴，我不太喜欢他的样子。他一句话也不说，只是吐泡泡。

"同学们，请思考一下，德文·斯克里恩为什么不写金鱼游来游去了？"

"我明白了，真的不能再写了。再写，这本书就没有人读了。"

"说得好！第四天，即使妈妈还是煮的面条，我们也不要写面条了。应该改一改，写写其他的了。"

文文立即拿起笔，把前面的 3 段画了一个大圈删除了。他新写的日记是这样的：

2022 年 6 月 29 日／星期三 天气：晴 心情：一般
　　"爸爸，前面那个老爷爷骑电动车载着他的孙子，怎么可以闯红灯呢？早晨那么多的汽车，多危险呀！"
　　"因为老爷爷可能没有接受'红灯停，绿灯行'的理念，所以他不知道养成这个习惯的好处。"

亲爱的小朋友，文文写了两段，其实没有必要。第四天的日记只要内容与前三天的完全不一样，写上一段，有两句话就行，不要急着写那么多。相信大家肯定能写出一段与前三天的内容完全不一样的日记。

____年____月____日/星期____						天气：____ 心情：____			

写完这一段两句话的日记，与前三天不一样的日记就写完了。你用了多长时间？（　　）分钟。请你给这段话画一幅彩色的画。

今天，你应该感到特别快乐才是。为什么呢？因为今天所写的东西与过去三天的完全不一样。

011

第五天

____年____月____日/星期____　　　　　　　天气：____　心情：____

第五天的日记，请你自由地写出来、画出来。

写第五天的日记，你用了多长时间？（　　）分钟。请你给这段话画一幅彩色的画。

今天你们非常棒！因为高老师没有教，你们就可以自己写出来了。

接下来，我们来欣赏德文·斯克里恩第五天的日记：

泡泡先生呆呆地看着我，还是一声不吭。

我向他问好，可他回答："咕噜咕噜……"

哇，真有点儿恐怖！

第五天的日记与前四天的有什么明显的不同吗？相信大家一定能看出来。

有同学说："这篇日记有 3 个自然段，接下来我们的日记也可以写 3 个自然段了！"

还有同学说："这篇日记有了'问答句'。"

问答句就是我们所说的"说话句""对话句"。好好想一想，到现在为止，你们今天都跟谁说过话。请把这些人的名字写在下面的横线上，能写多少就写多少。

_____

_____

_____

_____

_____

　　如果方便，大家也可以玩对话游戏。

　　2人一组或3人一组都可以。比如你和同桌一组，每个人拿5张纸条。你先在纸条上写一句话，写好后给同桌看，再让同桌在他的纸条上写下他要说的话；你看后再写下你想说的话，然后同桌看后再写……每个人将5张纸条写完，按照下面表格的提示把各自所写的纸条贴在相应的位置。

我	
同桌	
我	
同桌	
我	

同桌	
我	
同桌	
我	
同桌	

贴好之后，读一读，这就是你们的对话。

如果是 3 个人一起玩，比如爸爸、妈妈和你玩，也是每个人 5 张纸条，写好后贴在下面。

我	
爸爸	
妈妈	
我	
爸爸	
妈妈	
我	
爸爸	
妈妈	
我	

爸爸	
妈妈	
我	
爸爸	
妈妈	

贴好之后，读一读，你会发现这是个非常有意思的游戏。

如果每周能玩那么几次，玩上一个学期，你们就都会写对话句了。

会写对话句了，文章就能写好、写长。你们看世界名著，哪一本没有大量的对话句呀？

第六天

其实，日记非常好写，你可以把你与别人说的话写下来。对话，能让我们的日记有写不完的内容。因为我们每天通常都要与很多人说很多话，所以，我建议大家第六天的日记可以写写自己当天与谁说了什么话。

_____年_____月_____日/星期_____　　　　　　天气：_____　心情：_____

　　写第六天的日记，你用了多长时间？（　　）分钟。因为你说了很多话，所以你的这篇日记会写得很长。写好后，继续为你的日记画一幅彩色的画吧。

德文·斯克里恩第六天的日记写的是什么呢？我们来欣赏一下：

鱼缸里多了些植物，看起来像个花园。我想，以后得经常给它们浇水。——嗯，就这么办！

你们肯定会说："居然才写了一段！高老师，你不是说每天都要比前一天多写吗？德文·斯克里恩第六天的日记为什么才写了一段呢？"

哈哈！你们写了那么长，是不是有一种上了高老师的当的感觉？其实，写日记与写其他文章不一样。如果今天事情特别多，忙不过来，可以少写一点；如果今天特别清闲，就可以多写一点。我们是人，做什么事都要灵活，写日记也是如此。

相信你们应该已经知道接下来的日记该怎么写了。

写日记也要灵活哟！

第七天

___年___月___日/星期___									天气：___ 心情：___	

（此处为空白方格稿纸，共七行）

　　写第七天的日记时，好多同学格子都没有填满，因为他们要灵活地写日记。今天灵活地写日记，你用了多长时间？（　　）分钟。请你画一幅与日记相配的彩色的画。

德文·斯克里恩第七天的日记写的是什么呢？我们来欣赏一下：

我和泡泡先生有了新伙伴，他叫默文，是只蜗牛，爱吃鱼缸里的烂泥。呃，真恶心。

同学们看到这一段日记都笑了！因为他们与德文·斯克里恩一样，变灵活了！

时间过得真快，我们已经写了一周日记了。看看自己有哪些进步，好好总结一下。

进步1：

进步2：

进步3：

小朋友，你们的第一本日记书已经完成一半了，有没有信心把剩下的7篇日记写好？

有信心（　　）

没有信心（　　）

说不清楚，大家写我就跟着写（　　）

第八天

接下来，我们一鼓作气，来写第八天的日记。

___年___月___日/星期___   天气：_____ 心情：_____

对于第八天的日记，高老师没敢给你们那么多格子，因为高老师知道，你们会继续选择灵活地写。今天灵活地写日记，你用了多长时间？（   ）分钟。请画一幅与日记相配的彩色的画。

德文·斯克里恩第八天的日记写的是什么呢？他一共写了 3 个自然段，我来简要介绍一下：

　　第一自然段介绍鱼缸变得拥挤了，金鱼给植物浇水时，碰到了一只名叫弗雷德的螃蟹，与他握手时，差点被夹掉鱼鳍；

　　第二自然段写弗雷德是个小霸王，金鱼不怕他，但默文被他吓晕了；

　　第三自然段写金鱼想"离开这个鬼地方"。

　　同学们读到这篇日记后，都惊讶了！因为这篇日记比前 7 天的日记都长。

　　小朋友，我们不能总是灵活地写，因为"灵活"久了，就变成懒惰了，大脑就有可能"走"不快了。前文说了，这一天忙，可以少写；这一天清闲，就多写。真正的灵活是这个意思。所以，接下来的日记，真的不能写短了，要尽可能地多写。这样，你的第一本日记书才能和别人的不一样。

德文·斯克里恩后面几天的日记还是比较长，高老师来和大家继续讲一讲。

第九天的日记有 3 个自然段：

第一自然段介绍鱼缸里又多了一艘船、两条分别叫罗达和克拉克的孔雀鱼、一条叫查查的神仙鱼；

第二自然段写金鱼在鱼缸里转个身都要撞到东西；

第三自然段写默文很开心，因为他有更多的泥巴吃。

第十天的日记共有 4 个自然段：

第一自然段写罗达和克拉克告诉金鱼他们要生宝宝了；

第二自然段写泡泡先生被弗雷德撞倒，查查让金鱼帮她涂防晒霜；

第三自然段写默文快要撑死了；

第四自然段写金鱼觉得没有一件顺心的事。

是不是感觉越写内容越丰富，越写越有意思了？感兴趣的小朋友可以买这本书详细阅读，相信你会有不一样的体验。

接下来几天的日记，请大家自由地写起来。

第九天

____年____月____日/星期____　　　　　　　　　　天气：____　心情：____

<table>
<tr><td></td><td></td><td></td><td></td><td></td><td></td><td></td><td></td><td></td><td></td><td></td><td></td><td></td><td></td></tr>
<tr><td></td><td></td><td></td><td></td><td></td><td></td><td></td><td></td><td></td><td></td><td></td><td></td><td></td><td></td></tr>
<tr><td></td><td></td><td></td><td></td><td></td><td></td><td></td><td></td><td></td><td></td><td></td><td></td><td></td><td></td></tr>
<tr><td></td><td></td><td></td><td></td><td></td><td></td><td></td><td></td><td></td><td></td><td></td><td></td><td></td><td></td></tr>
<tr><td></td><td></td><td></td><td></td><td></td><td></td><td></td><td></td><td></td><td></td><td></td><td></td><td></td><td></td></tr>
<tr><td></td><td></td><td></td><td></td><td></td><td></td><td></td><td></td><td></td><td></td><td></td><td></td><td></td><td></td></tr>
</table>

第九天的日记，你用了多长时间？（　　　）分钟。请画一幅与日记相配的彩色的画。

第十天

_____年_____月_____日/星期_____　　　　　　　天气：_____　心情：_____

写第十天的日记，你用了多长时间？（　　）分钟。请画一幅与日记相配的彩色的画。

第十一天

_____年_____月_____日／星期_____　　　　　　　天气：_____　心情：_____

（此处为六行方格稿纸，供书写使用）

　　写第十一天的日记，你用了多长时间？（　　）分钟。请画一幅与日记相配的彩色的画。

第十二天

____年____月____日/星期____　　　　　　天气：____　心情：____

（写作方格）

写第十二天的日记，你用了多长时间？（　　）分钟。请画一幅与日记相配的彩色的画。

第十三天

如果这一天是周末，没有什么特别的事，日记可以写长一点。

____年____月____日/星期____   天气：____ 心情：____

　　写第十三天的日记，你用了多长时间？（　　）分钟。请画一幅与
日记相配的彩色的画。

第十四天

这是这本日记书的最后一篇日记了，你可以写短一点。

____年____月____日/星期____　　　　　　　　天气：____　心情：____

写第十四天的日记，你用了多长时间？（   ）分钟。虽然你的第一本日记书的文字内容写完了，但还需要你画一幅彩色的画。不要急，这幅画尤其要用心画！

亲爱的小朋友，你们是最棒的！通过 14 天的努力，你们完成了一件大事！写出了人生中的第一本日记书！这本书图文并茂，多好啊！你们一定要收藏好！

14 天的日记创作完成了，现在你是喜欢写日记还是讨厌写日记？（   ）

亲爱的小朋友，《金鱼日记》是我们的"小老师"，它帮助我们写完了人生中的第一本日记书。

这本书也告诉我们，写日记是一件非常幸福的事。完成自己人生中的第一本日记书，能不幸福吗？

用14天写一本日记书，是非常有趣的写作方式。如果你愿意，不妨多玩玩。当你真的"玩"出十几本这样的日记书，你会发现自己已经爱上写作了。

你还可以这样玩。

第一步：如果你的家里有比较大（比如8开）的白纸，拿出一张，按照下面的图将纸沿虚线对折。

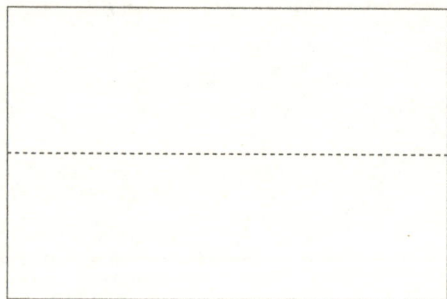

第二步：用剪刀将纸沿虚线裁开，然后用胶水将两张纸短的一边粘住，成为如下一张长纸。

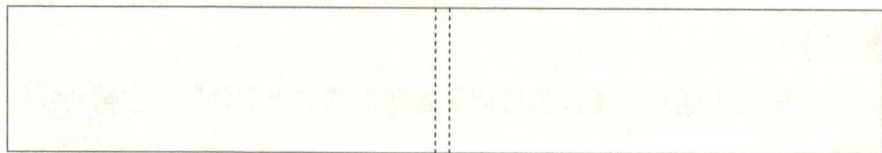

第三步：把这一张长纸多次折叠成一本小书。

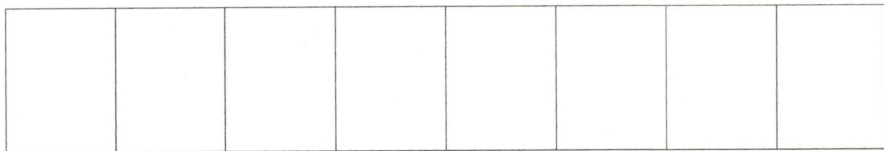

第四步：数一数，这本书有 8 个正面，8 个反面。第一面当作日记书的封面，第一面的反面作为日记书的封底。剩下 14 面，正好用来写 14 天的日记。

第五步：在封面写上书名和你的名字，画一幅画。

第六步：为 14 面标记页码，可以用"1、2、3……14"来标记，写在每一面（除封面和封底）的右下角或右上角；当然也可以直接用"第一天、第二天、第三天……第十四天"来标记，写在哪里由你自己决定。

第七步：每天写一篇日记（字不要多，一两句、一两段都行，再画一幅与日记相配的彩色的画）。

用 14 天写日记书，其实可以写出很多作品！比如：《我的 14 天读书生活》《我那 14 个同学》《我知道的 14 颗星星》《我喜欢的 14 种动物》等。

你可以在《我的 14 天读书生活》日记书的第一面（封面）写上书名和姓名：

```
我的 14 天读书生活
XXX 著
```

从第二面开始，写自己每天读书的收获：

```
——年——月——日 / 星期——
天气：—— 心情：——
```

14 天后，你就会得到全世界唯一一本只属于你的日记书！

第二招

10000 种 "天气"
绝不重复

亲爱的小朋友，你们的第一本日记书都写了哪些天气呢？你们通常会写"晴""阴""小雨"等。这样写不是不行，但缺少创意。怎样写才有创意呢？

高老师特别喜欢两本书，一本是《我今天写什么日记》（［韩］郑雪芽著，［韩］马正沅绘，许吉蓉译，辽宁科学技术出版社出版），另一本是《写属于自己的日记：40个日记写作技巧大解密！》（［韩］康承琳著，李蕊译，辽宁科学技术出版社出版）。这两本书很好，通俗易懂，值得大家去读。

这两本关于写日记的书，在写"天气"上很有创意。我将两本书中的天气创意写法摘编在一起，请大家一条一条地欣赏，每一条都别错过哟！猜猜每一条写的是什么天气，你可以将其写在括号里。

千万不要觉得烦，一条一条地读明白了，你的天气创意写法就会在阅读过程中自动产生。请相信高老师的话，从掌握这绝不重复的天气创意写法开始，让自己的日记充满创意。

1. 大雨哗哗地下（　　　　　）

2. 谁把天捅了个窟窿？好大的雨（　　　　　）

3. 花儿正在露出笑容！花儿真好看！（　　　　　）

4. 火辣辣的太阳（　　　　　）

5. 无云的晴空（　　　　　）

6. 像夏天一样热（　　　　　）

7. 小小云朵天上飘（　　　　　）

8. 蔚蓝的天空中挂着朵朵白云（　　　　　）

9. 背着书包感觉后背发热（　　　　　）

10. 烈日炎炎，我快被烤熟了（　　　　　）

11. 朵朵白云遮挡着火辣辣的太阳（　　　　　）

12. 蓝蓝的天空中飘着几朵白云（　　　　　）

13. 穿少了就会瑟瑟发抖（　　　　　）

14. 太阳公公！你躲在哪儿？（　　　　　）

15. 热气腾腾（　　　　）

16. 太阳公公露出欢快的笑脸（　　　　　）

17. 乌云蔽日（　　　　）

18. 天上飘着好多云彩（　　　　　）

19. 街上到处是扇扇子的人（　　　　　）

20. 还好有副眼镜挡强光（　　　　　）

21. 倾盆大雨从天而降（　　　　　）

22. 穿着雨靴扑通扑通（　　　　　）

23. 适合穿短裤的凉快天气（　　　　　）

24. 云彩在和太阳公公打招呼（　　　　　）

25. 这天热的，连扇子扇出的都是热风（　　　　　）

26. 桑拿房也不过如此吧（　　　　　）

27. 从早到晚寒气逼人（　　　　　）

28. 好想吃一个雪糕啊！（　　　　　）

29. 老天爷整整哭了一天（　　　　　）

30. 阳光照射得沙粒亮晶晶的（   ）

31. 天空充满了热气（   ）

32. 烈日的光在损伤着眼睛和皮肤（   ）

33. 异常闷热啊！（   ）

34. 真想开开心心地玩玩水啊！（   ）

35. 热浪滚滚啊！（   ）

36. 老天要下雨夹雪（   ）

37. 汗如雨下（   ）

38. 都快要晒黑了（   ）

39. 酷热的天儿（   ）

40. 气定神怡（   ）

41. 火辣辣的太阳顷刻间被乌云罩住（   ）

42. 春风化雨（   ）

43. 听说晚上会有雨，但眼下还是很闷热（   ）

44. 暴雨警报（   ）

45. 好刺眼的阳光，真讨厌！（   ）

46. 暴雨过后难得的一丝凉爽（   ）

47. 下着像蚂蚁眼泪般的雨点（   ）

48. 是该到秋天了吧？一股清凉迎面扑来（   ）

49. 是谁打开电风扇了吧？哪儿来的一股清风啊！
（   ）

50. 阳光足，风儿爽（   ）

51. 太阳在蓝天下微笑（　　　　）

52. 汗涔涔，渐渐变得炎热（　　　　）

53. 叮叮当当、吵吵闹闹的雨声（　　　　）

54. 终于超过 30℃（　　　　）

55. 银杏叶像黄色的花朵一样绽放（　　　　）

56. 呼呼刮过的北风，今天请稍微忍耐一下！（　　　　）

57. 阳光倾泻而下，让我汗流浃背（　　　　）

58. 风和日丽，出游心切（　　　　）

59. 阴云密布，太阳公公去哪儿了？（　　　　）

60. 雷阵雨真讨厌！（　　　　）

61. 久违的太阳公公，你好！（　　　　）

62. 阴云密布的天空，要下雪了吗?（　　　　）

63. 耳朵冻得硬邦邦，手冻得硬邦邦（　　　　）

64. 今天也是零下好几度，太阳啊，加油！（　　　　）

65. 春天姗姗来迟，只有凉风呼呼（　　　　）

66. 淅淅沥沥的春雨，湿漉漉的一天（　　　　）

67. 阴沉沉的灰色天空（　　　　）

68. 雨下了停，停了又下，湿漉漉的（　　　　）

69. 太阳公公随意发射激光火花（　　　　）

70. 滂沱的大雨，要发洪水啦！（　　　　）

71. 干净的天空好像变高了（　　　　）

72. 天朗气清，清风徐徐（　　　　）

73. 有点儿冷，秋天来了！（　　　　）

74. 适合开运动会的好天气（　　　　）

75. 灰色的天空仿佛向下移动了一层（　　　　）

76. 棉花糖般的云朵（　　　　）

77. 如蒸笼般闷热（　　　　）

78. 虽然风和日丽，但渐渐变凉的一天（　　　　）

79. 瑟瑟的风，凋零的树叶（　　　　）

80. 好像大雪将至，又寒冷又阴沉（　　　　）

81. 天空中好像飘浮着松软的棉花团（　　　　）

82. 今天的气温也是零下，春天什么时候来？（　　　　）

83. 三月飘雪？太阳公公离家出走了吗？（　　　　）

84. 虽然雨停了，但天空还是阴沉沉的（　　　　）

85. 无论白天还是黑夜，都已经到了酷热难耐的时候
（　　　　）

86. 太阳公公外出又回来啦（　　　　）

…………

亲爱的小朋友，你读完之后可能会有"天气创意写法都被这两本书的作者用完了，我想不到了"的想法。千万不要有这样的想法。一年365天，每个地方的每一天都是不一样的，这可以理解为：世界上永远不会存在相同的天气。

晴天有万万种，阴天也有万万种，雨雪天当然也有万万种，大风天更不用说了，万万种！也就是说，人生活在这个世界上的时间段里，

每天的天气都是不一样的。既然它不一样，我们就要写出这种不一样。

只要愿意想，你就可以想到独特的天气描写。

如果你在写日记的过程中，愿意在这点上琢磨琢磨，想办法写出这种不一样，就能把日记写好。如果你能写出几百种、几千种不一样，你的描写天气的"超能力"就被自己训练出来了。

不要小看写天气，这里面的学问可大了。写天气既能展现出你的观察力，展示出你的创造力，也能表现出你的幽默，更能训练你如何选择精准的词句来描写那千变万化的天气。

写日记之事不停，把天气写得有创意之事也不能停。写 10000 天的日记，就要开动脑筋想出 10000 种天气创意写法。只要你愿意在这上面用心思，你的日记内容也会因为这些小心思变得更有意思。

第三招

365个"我有（　）"或"我没有（　）"

丹麦作家索伦·林德创作的一套儿童哲学绘本——《没有》《所有》《你》，我是本本都喜欢啊！

由于小学没有哲学课，所以这套书对于小学生来说有点难懂（甚至不少中学生也难以读懂）。其实，越是难懂，我们越要读。相信这3本书的题目大家肯定都能理解，大家也都知道什么是"有"，什么是"没有"，什么是"所有"，什么是"你"，也会从自身出发找到许多"有"和"没有"。

我用这套绘本帮助很多学生写了一年的日记，很多学生都因此爱上了写这一主题的日记。

有一次，在3年级的课堂上，我对学生们说：

"同学们，我们每个人都有很多'有'和'没有'，比如有鼻子，有眼睛，有耳朵，有大脑，有家，有爸爸妈妈，有天空，有床……没有某某书，没有手机，没有弟弟……其实每个'有'都可以写成一篇文章，每个'没有'也能写成一篇文章。

"从今天起，我们要用一年的时间写自己的'有'和'没有'。今天写一个'有'，明天就写一个'没有'，后天又写一个'有'……就这样接着写下去，每天写5行就可以了。"

我给每个学生买了一个日记本，发给他们，接着说："请大家一定要在每个格子中都规规矩矩地写上字。要不然，这个日记本会哭的。"

我当时还把自己写的一首小诗送给了他们，现在也送给你：

有和没有

很多有

我们都有

很多没有

我们都没有

我的有

你可能没有

你的有

我可能也没有

他的有

你可能也没有

没有就是没有

有就是有

没有常被人说成有

有却常常被说成没有

没有很顽皮

它会常常缠着你

有很浪漫

也会不时地折腾你

3 年级学生第一天所写的日记，问题很多。有好几个孩子写 5 行就用了两三个小时；有不少学生写不通顺句子，但我知道他们在写什么；有不少同学不会写学过的字，就用拼音代替，但拼音都写错了……

估计你在写日记时也会有这样或那样的问题。不要急，坚持一下看看。

没有想到，只写了半个月，同学们都"脑子开窍"了。仅仅过了一个月，50 个孩子，每人每天只要 15~20 分钟就可以完成最少 5 行的写作，没有一个人叫苦叫累了。请看他们的作品：

我没有孩子
李心缘

我做了一个梦，梦见我和老婆养了一个孩子。我的这个孩子聪明、开朗。

我送孩子去学校读书，到了校门口，对他说了一句"再见"，他非常有礼貌地对我微笑。

不知不觉，我的孩子上了大学。但是不知怎么回事，我却躺在了床上，动也不能动。原来我出了车祸，伤得非常重。

我吓得赶紧睁开眼，立即走到屋子外面看了看。我笑了，这是一场梦，我是3年级的小孩子，我哪有孩子呀？

我有很歪的牙齿

束逸涵哲

大家都清楚，我们的嘴巴里都有牙齿，但有谁的牙齿会像我的一样奇特？

我的牙齿奇特在哪里呢？告诉你吧，我所有的牙齿都是歪的，其中有两颗，那是非常地歪。

其中一颗，不知道什么时候从一颗小歪牙的背后长了出来。妈妈带我去了医院，硬是把那颗歪牙给拔了下来。这一拔，挺好的，看看慢慢长大的我，牙齿长得比以前俊俏多了。

第二颗大歪牙，是去年的某天长的，仍然是从某颗牙的背后长出来的。我清楚地记得，我没有干什么，前面的那一颗牙居然自己掉下来了。于是，我开始舔大歪牙玩，想把它舔正。没有想到它非常顽固，怎么都舔不正，直到现在还在和我做斗争呢！

哎呀，我的牙齿怎么就正不过来呢？

我有两盆幸福的绿萝

许琳

我家有两盆茂盛的绿萝。在我看来，它们太幸福了。

为什么说它们幸福呢？因为它们每天都被呵护得很好。爷爷每天都给它们浇水、施肥，它们几乎每天都能沐浴温暖的阳光，而且它们没有生长的困扰。看这两盆绿萝，叶子像一把把小扇子，它们的茎蔓延得很长很长，但是粗细适中，真是名副其实的"长胳膊"。我的书桌边也有一盆绿萝，它每天趁我去上学的时候便将"胳膊"伸到我的书桌上。我每次回家，打开房门就目瞪口呆，还以为它被揠苗助长了呢！有些绿萝的叶子肥大，叶脉一根一根的，细细的，看了让人心情舒畅。

其实，绿萝虽然漂亮，但是有时候也会干扰到我。记得以前它因为茎太长了经常受伤，因为我写作业时脚会不由自主地向前伸，一不小心就会把绿萝踩得遍体鳞伤，每次妈妈都要责怪我。绿萝啊，你可真幸福，为了你，妈妈还责备我！

还有，绿萝每天都自由自在的，不像我，有个像复读机的妈妈在耳边唠叨："该去写作业了，去弹古筝，把奥数题做了……"啊！我的耳朵都听出老茧了！再看看它，多么鲜明的对比，它每天无忧无虑的，有着好的生活环境，有着健壮的身体……

有时候我也会去给绿萝浇浇水、施施肥，跟它们讲讲我的心里话……虽然它给我带来了一点点小麻烦，但它那绿油油的、长长的茎，像公主的长发，让我着迷，让我忍不住去接近它。

绿萝不仅生活环境好，还被大家呵护……绿萝太幸福了！

亲爱的小朋友，看了这3篇文章，你的手是不是痒痒的？那就写几篇吧！

第一篇：

_____年_____月_____日／星期_____   天气：_____ 心情：_____

自我评价：非常满意（ ）满意（ ）要继续努力（ ）

第二篇：

_____年_____月_____日/星期_____　　　　　天气：_____　心情：_____

自我评价：非常满意（　　）满意（　　）要继续努力（　　）

第三篇：

_____年_____月_____日/星期_____　　　　　　　天气：_____　心情：_____

每个人每天所写的"有"和"没有"都是不一样的，我收集了这 50 个同学所写的"我有（　　）"的题目，希望能给你带来启发：

我有一支神笔

我有一块神奇的橡皮

我有一个慈祥的妈妈

我有一个勤劳而又乐观的爸爸

我有许多东西

我有一位非常好的语文老师

我有一个好朋友

我有一只小乌龟

我有一盆山茶花

我有新文具盒

我有一本新书

我有梦想

我有自行车

我有可爱的小金鱼

我有弹跳杆

我有很多画

我有一个玩具娃娃

我有一个好弟弟

我有一个好妈妈

我有一个好姑姑

我有一个小姑父

我有一本成语词典

我有一只大风筝

我有一个小书包

我有一个陀螺

我有很多书

我有一朵花

我有两个姐姐

我有一双溜冰鞋

我有一本《隋唐演义》

我有一盏台灯

我有贴纸

我有一个幸福的家

我有单眼皮

我有三个好老师

我有三只小猫

我有一支会说话的笔

我有一个梦

我有烈风光翼

我有计算机

我有一个机器人

我有一副眼镜

我有自己的房间

我有一本《洋葱头历险记》

我有一把万能尺子

我有美好的早晨

我有两只神奇的耳朵

我有一双明亮的眼睛

我有一个让你变快乐的方法

我有一次特别的旅行

我有我的世界

我有很多同学

我有勇气

我有好习惯

我有爱心

我有《笑猫日记》

我有一个爱哭的小妹妹

我有一个爱玩游戏的表姐

我有一个爱睡觉的爸爸

我有一件新衣服

我有一本可以天天写作的日记本

·············

下面是这 50 个同学所写的"我没有（　　）"的题目。

我没有在做梦

我没有弟弟妹妹

我没有得到奖状

我没有学过炒菜

我没有当好一个好学生

我没有按时完成作业

我没有一本新的课外书

我没有新的钢笔

我没有水彩笔

我没有养成好习惯

我没有认真学习

我没有想象中的自行车

我没有遵守规则

我没有芭比娃娃

我没有坏脾气

我没有当过班长

我没有写好字

我没有养活那盆吊兰

我没有养活那两条金鱼

我没有一朵白云

我没有太阳

我没有雨水

我没有电视

我没有狗

我没有宠物

我没有桂圆的种子

我没有零食

我没有打弟弟

我没有英语字典

我没有自制力

我没有偷吃糖

我没有不洗手

我没有吃辣条

我没有时间

我没有忘记那位老师

我没有玫瑰花

我没有发卡

我没有小弟弟的时候

我没有梦想的时候

我没有一个安静的世界

我没有超能力

我没有坐过游轮

我没有认识自己

我没有失败过

我没有梦想

我没有懦弱

我没有会飞的独角兽

我没有单独的房间

我没有小黄人飞机

我没有吃到土豆丝

我没有考过一百分

我没有自信

我没有蛀牙

我没有存钱罐和零花钱

我没有说谎

我没有考过班级第一

我没有尾巴

· · · · · · · · · · · ·

你是不是很惊讶，原来有这么多"有"和"没有"啊。但当时有些同学写了一段时间后十分焦急，因为写了几十天了，已经找不到"有"和"没有"了。我笑着告诉他们，这个世界上的"有"太多了：走出家门，捉一只小虫子就是自己的"有"；指着天上，找到喜欢的一颗星星就是自己的"有"；做的一个又一个梦就是自己的"有"。你们"有"的东西也太多了……

在此，我鼓励大家写下去，并把下面这两段话送给你们：

哲学就是爱智慧，

就是不停写下

自己对身边的人、事、物的思考，

写

与他人不一样的想法。

如果你能每天写

我有（ ）

或

我没有（ ），

用心书写一年，

你一定能完成两本书：

一本是《有》，

一本是《没有》。

除了这两本书，

你最大的收获是

变成了小哲学家！

　　一年 365 天，一天写一个"有"，一天写一个"没有"，用两个本子来写。一年写了多少，不用高老师帮你们数，你们肯定会收获大大的幸福。

　　把这两个本子收藏好，等你们长大后再重新读读，那时候的你们一定会赞美童年的自己。

第四招

300 篇读后感型日记

《开启孩子天赋的妈妈学校》的作者是韩国的陈庆惠，她的丈夫是日本人。他们的儿子 18 岁博士毕业，女儿 10 岁考入大学。有人说，这两个人生的孩子聪明！不，他们与普通人一样。但为什么这两个孩子这么厉害？因为这对夫妻做了两件非常惊人的事。

一是从两个孩子 6 个月大开始，就给他们读绘本，每天要读 20 本绘本。快到 4 岁时，两个孩子每人可以听完 20000 多个故事。

二是从孩子 3 岁开始，每周带着孩子写一篇读后感。陈庆惠说，只要孩子能拿起画笔，读后感就可以画起来、写起来了。所以，他们的孩子在 3 岁时，一周听上百个故事，然后选择一个自己喜欢的故事，画一幅画。当孩子会写一个词、一句话时，就让他们每周画一幅带词语、带句子的读后感。孩子们在 1~2 年级就可以写一句话、几句话的读后感，3 年级之后就可以写几段话的读后感了。

读后感型日记，真的可以从 3 岁开始画。但绝大多数学生没有从 3 岁开始画。现在，我们的读后感习作是从 5 年级开始的，的确太晚了。而教材上要求学生所写的读后感，只是一篇习作，也不是从日记的角度来写的。所以，大多数学生不喜欢这样的读后感。

我们虽然不能从3岁开始，但完全可以从1年级开始。一周一篇，一年50多个星期，就写50篇读后感型日记。6年，就能写300多篇读后感型日记。如果你愿意做这件事、坚持做这件事，6年下来，收获是独特的。谁坚持谁成功，谁就是世界上最棒的。

进入21世纪，我国有400余家出版社，几乎家家都开始出版绘本。据统计，20多年来，我国出版的翻译及原创的绘本约有20000种。

亲爱的小朋友，你是否知道读绘本的好处？知道该从什么时候读绘本吗？知道读多少绘本能让你与他人不一样吗？

陈庆惠从两个孩子6个月大开始，每天给他们读20本绘本，让孩子在快4岁时听完20000多本！这是一个例子。

我这里还有几个例子，你们继续看看。

美籍华人邹灿的女儿邹奇奇，6岁就成了美国一家电视台的节目主持人。快13岁时，她读完了2000多本书，发表了400多首诗，出版了4本书。她为什么这么厉害？因为她的父母特别重视早期阅读。她3岁时，在微软工作的爸爸就给她读了大量的绘本，还给她设计了一款专用计算机——对着计算机说话，它就能自动录入所说的内容并将其转为文字。

2010年9月19日，在一年一度的"儿童及青少年阅读计划"中，4岁的文浩谦获得杰出表现奖，成为全场年纪最小的获奖者。这一年，他的父母陪伴他读了2618本书，平均每天读7本。

2015年12月，脸书的创始人扎克伯格的第一个女儿出生，他的第二个女儿于 2017 年 8 月出生。在女儿出生的第十天，扎克伯格就给她们读绘本了。你们知道扎克伯格给他的女儿读什么绘本吗？

• 扎克伯格给女儿的书单 •

宝宝的光学	宝宝的量子物理学	宝宝的量子纠缠学
宝宝的量子信息学	宝宝的物理学 ABC	宝宝的牛顿力学
宝宝的广义相对论	宝宝的火箭科学	宝宝的统计物理学
宝宝的电磁学	宝宝的网页设计 2.0	宝宝的网页 ABC
宝宝的网页颜色	宝宝的 C++	宝宝的 CSS
宝宝的 HTML	宝宝的 JavaScript	

他把给女儿读这些书的照片发在脸书上后，许多人纷纷购买这套书给孩子读了起来，中国的一些出版社也原版引进了这套书。

你们肯定会说，出生 10 天的孩子，能听懂吗？当然听不懂了。听不懂为什么要读？就是因为孩子听不懂，才需要大人读给他们听。孩子出生后立即读大量的书给他们听，这与跟孩子少说、只说简单的话，肯定差距很大。

你们出生时本来都差不多，但如果爸爸妈妈能早早地大量读书给你们听，快 4 岁时，你们就能听到 4500 多万个词语，到了 3 年级，优势就会显现出来。如果等到孩子能听懂了再读，或者很少读，孩子快 3 岁时，可能才听到约 3000 万个词语。两者相差约 1500 万个呢！

亲爱的小朋友，看到这里，想想自己现在读了多少本绘本了。

高老师根据上面这些人物阅读的故事提出：有条件的家庭，孩子 0~9 岁时，父母最好读 10000 本绘本给孩子听。很多家庭没有做到，但无论如何得让孩子在 2 年级结束前读完 1000 本绘本。一天读两本，只需要 20 分钟。照这样计算，一年就可以读完 700 多本，两年就可以读完 1400 本呢！

如果你们的爸爸妈妈愿意这样做，一个星期就可以轻松读完 14 本绘本。你们听完 14 本绘本，肯定有最喜欢的。你们可以对爸爸妈妈说出自己喜欢哪一本，为什么喜欢。

你们的爸爸妈妈都有手机，手机都可以录音。录音也很容易转化成文字。你们可以请他们在计算机中建立一个文档，把你每一周的读后感复制并粘贴到文档里。

你们还可以请爸爸妈妈把你们一周读了的书目简单记下来。坚持两年，"100 本我最喜欢的绘本读后感"就完成了。

当然，你们读完后也可以画一幅画。其实绝大多数孩子都是喜欢画画的。画好了画，在画上写上书名，写上一句话，这都不是多么难的事。

1~2 年级

1~2 年级的每周一篇绘本读后感的模板是这样的，请你拿给爸爸妈妈看，让他们帮你记录。

第一周____年__月__日一____年__月__日：我家宝贝读了 14 本绘本，这
14 本绘本是：_____

_____

_____

_____

宝贝说，他这周最喜欢的一本绘本是《_____》，原因是：_____

_____

_____

下面是宝贝画的读后感（可以拍照，将照片粘贴在下面）。

　　2 年级结束后，把这 100 页打印出来，装订成一本书。你们再重
新读一遍，就知道有多么快乐了。什么是成果？这就是有父母参与后
孩子取得的成果。

　　3~6 年级每周一篇的读后感，就不需要爸爸妈妈来记录了，但在
读书上，还是离不开爸爸妈妈的帮助。有一本风靡世界的书，非常值
得你们与爸爸妈妈共读。这本书是《为爱朗读：爸爸与我 3218 天的读

书约定》，作者是美国的爱丽丝·奥兹玛。

爱丽丝·奥兹玛是个单亲家庭的女孩，她9岁那年，父亲跟她约定每天共读一个小时的书（父亲读15分钟给女儿听，女儿读15分钟给父亲听，然后各自静静读20分钟，最后讨论交流10分钟），约定的时间是1000天。

没有想到，他们父女俩一直读到爱丽丝·奥兹玛18岁才停下来，一共读了3218天！这一做法让爱丽丝·奥兹玛有了哪些收获呢？

8年级时，爱丽丝·奥兹玛在州考中达到了阅读"特别熟练"级别，300多个考生中只有3人达到这个水平，她是其中之一。这是连续阅读4年多的效果。

11年级时，爱丽丝·奥兹玛的SAT（Scholastic Assessment Test，学术能力评估测试）预考分数是全班最高的。这是连续阅读进行到第七个年头的结果。

12年级时，爱丽丝·奥兹玛两次获得了全美写作比赛一等奖。这是一天不落地坚持阅读8年多的效果。

3218天的连续阅读，爱丽丝·奥兹玛最大的收获是：变得热心、自信、乐观。

你们如果也和爸爸妈妈有这种每天读书1个小时的约定，一个星期可以读7个小时呢！

3~4年级

我建议大家读"桥梁书"。什么是桥梁书？它是介于绘本与文字书之间的书。这类书，图和文字的比例是1∶1，字数为

1500~20000。别看字数不多，它的文字内容有的是一篇长文章，有的还分章节呢！如果大声朗读桥梁书，一般情况下，20~30分钟就能读完一本。也就是说，每天共读1个小时，同样可以轻轻松松地读完两本书！

我国是从2008年开始翻译、出版桥梁书的。现在，已经有四五千本桥梁书在等待大家阅读了。如果在3~4年级，你们每人能读完500~800本桥梁书，你们一定会爱上写作，并且能学会写长文章呢！

一周读完14本桥梁书，其中肯定有自己最喜欢的一本。把最喜欢的那一本书拿出来，写写读后感就可以了。可以写写自己喜欢的人物，可以赞美书中的一句话、一段话，可以写书中的故事让自己有哪些变化，可以写这本书对自己写作的帮助……不要多写，约一百字就足够了！确保在20分钟之内完成。

3~4年级的每周一篇读后感的模板如下，这次请你自己来完成吧。

第一周____年__月__日一____年__月__日：我读了（　　）本桥梁书，这些桥梁书分别是：_____

_____

_____

_____

我最喜欢的一本桥梁书是《　　　　　》，我的阅读感受与收获是：_____

_____

_____

_____

_____

_____

5~6 年级

在 5~6 年级读什么书呢？我建议大家读 100~200 页的经典童书。书不要太厚！最好与父母一起，每天共读一个小时。如果你能坚持并且有时间来读书，一本 100~200 页的书，3 天就能读完。

其实除了经典童书外，还有很多绘本（部分标着"0~99 岁人群的读物"）、桥梁书都可以读，千万不要小瞧它们，不要认为那是小儿科。

较厚的书，3 天读一本，一周可以轻松读完两本，一年就可以读完 100 本，到了 6 年级结束就可以读完 200 本。我在班级里试验过，许多同学经过两个多月的训练，读书速度变快，一本 100~200 页的书，居然有不少同学一个晚上就读完了。在 5~6 年级，全班有 85% 的同学可以轻松读完 400 多本这样较厚的书呢！

那 5~6 年级每周一篇的读后感该怎么写呢？请大家用以下 10 个方法来写！

1. 如果让你给书里的人物颁奖，你会给谁颁奖？或者会给哪几个人物颁不同等级的奖？为什么要给这个人、这些人颁奖？

阅读《西游记》《三国演义》等，你会认识很多人物。你会设计哪些奖项？又会把它们分别颁发给谁？写段颁奖词如何？

_____

_____

_____

_____

_____

2.看看书的封面，你觉得设计得如何？这一封面与这本书搭配吗？如果让你来设计，你会怎么设计呢？为什么会这样设计呢？

3. 一本书中有那么多的人物，很有可能有一个人物会相当孤独。怎么让他不孤独呢？如果你想送一个礼物给他，会送什么礼物呢？

阅读《爱丽丝漫游奇境》，书里有不少人物。你觉得哪个人物最孤独？如何让他不孤独？如果让你送他一个礼物，你会送什么？你觉得他会喜欢你送的礼物吗？

_____

_____

_____

_____

_____

_____

_____

_____

_____

_____

_____

_____

4. 书中可能没有介绍你喜欢的人物穿的鞋子。你既然喜欢他，可不可以送他一双鞋子？你准备送什么样的鞋子？

《小英雄雨来》中的雨来穿什么样的鞋子，书中有介绍吗？如果让你送他一双鞋子，你会送什么样的鞋子？

_____

_____

_____

5. 如果让你成为书中的一个人物，你想成为谁？如果你变成了这个人物，你是否想改变一下故事情节？如果想，你准备怎么改变？或者你想直接进入书中，不成为任何一个人，就想做自己，你想进入哪个章节里，想做什么事呢？

阅读《王尔德童话》，你想成为书中的哪个人物？如果你就是《王尔德童话》里的人物，你是哪一个？如果你进入了一个神话传说，成为其中的一个人物，你会做什么呢？

6. 如果允许给书中的主人公送一个很特别的礼物，你想送什么呢？

如果允许你给鲁滨孙送一个非常特别的礼物，你会送他什么呢？

如果允许你给贾宝玉、林黛玉各送一个礼物，你会送他们什么呢？

如果允许你给汤姆·索亚送一个礼物，你会送他什么呢？

_____

_____

_____

_____

_____

_____

_____

_____

_____

_____

_____

_____

7. 如果书中的某个人物给你寄来了一个包裹，你觉得里面会是什么东西呢？你是怎么做出判断的？你想用这里面的东西做什么呢？

如果阿廖沙（《童年》的主人公）给你寄来一个包裹，你觉得这个包裹里有什么呢？

如果诸葛亮给你寄来一个包裹，你觉得这个包裹里有什么呢？

_____

_____

8. 如果书中的某个人物突然有了魔法，你想让他在哪个地方对谁施魔法？施了
魔法之后，故事情节会出现哪些变化呢？

如果林黛玉有了魔法，她最想干什么呢？她施了魔法之后，《红楼梦》
的情节会是怎样的呢？

9. 如果让你删去故事中的一个人物，你准备删去谁？为什么要删去这个人物？删去这个人物后，故事会不会发生变化？

你读了那么多中外民间故事，你喜欢故事中的哪一个人物，讨厌哪一个人物？如果让你删去故事中的某个人物，你想删去谁？删去这个人物之后，故事会怎么样？

_____

_____

_____

_____

_____

_____

_____

_____

_____

_____

_____

_____

10. 想象一下，故事中的主人公 10 年、20 年后会是什么样子。

阅读《小英雄雨来》，想一想雨来 10 年、20 年后会是什么样子的。

_____

_____

_____

第五招

100 个梦将被我卖掉

"梦"的甲骨文像人依床而睡，但其眼睛却是亮的，表示在睡梦中看见了东西（直到 20 世纪，生理学家和心理学家才发现，人做梦时眼睛仍在动）。篆书、隶书、楷书的"梦"下面都有"夕"，表示夜晚做梦。"梦"的繁体字是"夢"，"夢"与"薝（méng，目不明）"有相同的部分，表示白天不明白夜里做的梦，即梦中事物模糊不清。简体字"梦"上面是"林"，下面是"夕"，表示月亮升至树林之上，人们进入梦乡。梦的本义就是做梦。

甲骨文	篆书	隶书	楷书	繁体字	简体字

亲爱的小朋友，你们都做过梦吧？夜里从梦中醒来后，你们知道自己做了梦，但梦的全部内容肯定记不了多少。所以，想将梦写成文章很难。但有一种梦，可以写，这种梦叫白日梦。

什么是白日梦？这个词常用于比喻不切实际的幻想。但心理学家们对白日梦有了研究，他们认为白日梦是人本能的休息和放松机制。这就是说，白日梦是健康的、安全的，不需要担忧，更不必有意抑制它。

我们来做个白日梦！

什么是做白日梦呢？当你们没有事时，托着腮，闭上眼睛，随便想着什么，会心地笑着，这就是做白日梦。做白日梦，不需要睡着，所以整个过程，你们是清清楚楚、明明白白的。而把自己的"胡思乱想"用文字记下来，肯定是相当有趣的事。

亲爱的小朋友，你们知道吗？世界上好多作家都会做白日梦，当写不出文章时，他们就会停下笔，做白日梦，想着想着，就知道怎么接着写下去了。他们会不会把那些白日梦用到作品当中呢？当然了！他们不仅会用，还会把每次几分钟的白日梦不断拉长，变成一本本很厚很厚的书呢！

《哈利·波特》的作者是英国作家 J.K. 罗琳，罗琳说这个故事的灵感就是 1991 年她在从曼彻斯特到伦敦的火车上萌发的，说白了，就是一场白日梦打开了作家新的思路，罗琳将这个白日梦拉长、拉长，拼命地拉长，最终拉长成 7 部小说。美国华纳兄弟娱乐公司把这 7 部小说改拍成 8 部电影，前 6 部小说各一部，而第七部小说分成上下两部。而《哈利·波特》系列电影是全球史上最卖座的电影系列，总票房收入超过 80 亿美元。

什么是"卖梦"？请大家读一读阿根廷诗人玛丽娜·瓦尔奇创作的一首诗——《卖梦的人》：

我卖梦，我的一个个小提篮里，
装着飞往神奇王国的梦，
装着奇迹中的奇迹，
装着雷雨、洪水、暴风。

有些梦颜色少见五彩缤纷——

忽蓝、忽绿、旋黄、旋红，

篮子里有蝴蝶、飞鸟、鲜花，

还有野兽，有的胆小，有的凶。

小朋友，我给你带来很多梦，

梦比夹心点心的味道还香浓，

请你把一枚硬币放在房门口，

躺在床上合上眼睛把我等。

　　高老师读这首诗时，想到了什么是"卖梦"，就是把自己做的梦先写成日记，以后长大了，可以把这些梦拉长成文章，拉长成书，一旦发表、出版，这个梦就算卖出去了。

　　你们在书店里、在网络上购买的所有书，都是作者"卖的梦"。所有的作者在写书之前，都有写书出版，从而让更多人看到的梦想。

　　亲爱的小朋友，你们有这种梦想吗？

　　当我把"卖梦"的事讲给我班学生听的时候，同学们纷纷做梦、写梦、投稿，可有意思了。

想象
俞菲

想象一下吧！

想象一下马小峻身穿女装……

想象一下郑成杰穿西装走"摇屁股步"……

想象一下潘欣宇撩起她那可爱的刘海……

想象一下自己走上诺贝尔奖授奖仪式的领奖台，台下的人会说些什么……

想象一下吧！

当马小峻穿上女装，他那"小蛮腰"一扭一扭，一定会非常非常可爱，大家都会笑喷，把吃下去的饭都喷出来。

当郑成杰穿上那笔挺的"西装"，走着那"摇屁股步"时，你嘴中的苹果核一定会飞起来。前仰后合的你，头肯定会使劲碰撞课桌，全班同学的头上都会冒出个大包包。

当潘欣宇将刘海撩起时，那因吃海鲜而"发"出来的痘痘就会来个大曝光，她身边的那几个讨厌的小男生会尖叫起来，老师也会揪起那几个男生，狠狠地训斥一顿的。

当我走上诺贝尔奖授奖仪式的领奖台，台下可能传来："不可能，不可能！五（2）班的学生，怎么可能会获得诺贝尔奖？不可能，绝对不可能！"当然，台下也会有很多人高呼，"中国昆山五（2）班的学生真棒！"

哈哈，哈哈！如果你没被我的想象逗笑，那就请你再重新想象一下吧。请相信我，想象一下，经常想象一下，你的小脑袋就不会"生锈"了。

亲爱的小朋友，当你们打开日记本，拿起笔，咬着笔头不知道写什么时，请闭上眼睛，强迫自己做一次白日梦，想到不想再想为止，然后睁开眼，拿起笔，快速把刚刚做的白日梦记录下来。如此，一篇非常独特的文章就诞生了，而这样的文章肯定是相当有趣的。因为全世界在这个时刻，只有你做了这个白日梦，所以这篇文章是独特的。不信，你就来试一试。先试试写几个白日梦，每写完一个，自己都要评价一下。

我的第一个白日梦：

_____年_____月_____日/星期_____　　　　　天气：_____　心情：_____

自我评价：我的梦好奇特（　　） 我的梦真好玩（　　） 下次继续（　　）

我的第二个白日梦：

_____年_____月_____日 / 星期_____　　　　　　　天气：_____　心情：_____

自我评价：我的梦好奇特（　　）我的梦真好玩（　　）下次继续（　　）

我的第三个白日梦：

___年___月___日/星期___　　　天气：___　心情：___

自我评价：我的梦好奇特（　）我的梦真好玩（　）下次继续（　）

我的第四个白日梦：

____年____月____日／星期____　　　　　　　　天气：____　心情：____

自我评价：我的梦好奇特（　　）我的梦真好玩（　　）下次继续（　　）

我的第五个白日梦：

年_____月_____日 / 星期_____　　　　　　天气：_____　心情：_____

自我评价：我的梦好奇特（　　）我的梦真好玩（　　）下次继续（　　）

如果连续5天做白日梦、写白日梦，你肯定会非常腻的！所以，建议大家千万不要连续做白日梦。一周做一次，两周做一次，都可以。你可以专门准备一个写白日梦的日记本，把它变成一本书。记下100个白日梦，就是记下你的100次创造。这本书，一定会成为你的最爱。

　　世界上许许多多的作家告诉我们，假如一个人能简单地把14岁之前发生的事记下来，未来他如果愿意从事作家这个职业，就可以根据记录把那些事拉长放大——足够你用后半生来写。

　　这段话，相信你能够读懂！

　　小小的白日梦，经过你的双手与大脑的配合，一定能变成书，走进书店，卖给一代代人来读。

第六招

200篇诗歌型日记，我能写

亲爱的小朋友，你们肯定知道我国非常著名的儿童文学作家冰心。新中国成立以来，小学语文教材里往往少不了她的作品。

　　冰心的第一部诗集是《繁星》。她是怎么想起来写这部诗集的呢？原来是她读了亚洲第一个诺贝尔文学奖获得者——泰戈尔的《飞鸟集》后，觉得自己也能像泰戈尔一样写诗。就这样，冰心写了起来，大概写了3年，共写了164首诗。其实，每一首诗也可以看作"诗歌型日记"。这164首诗，可分为3类：第一类是对母爱及童真的赞颂，第二类是对美好大自然的赞颂，第三类是对人生的思考与感悟。

　　冰心读了《飞鸟集》写了一部诗集，你们读了《繁星》也可以写一部诗集呀！肯定有同学会说，我不会写，我不会写！那就先请大家读一读《繁星（七四）》：

　　　　　婴儿，
　　　　是伟大的诗人，
　　　在不完全的言语中，
　　　吐出最完全的诗句。

　　冰心的这首诗是了不起的创造，她通过这首诗告诉我们——婴儿是伟大的诗人！亲爱的小朋友，你们早就不是婴儿了。婴儿是伟大的诗人，儿童更应该是伟大的诗人。虽然婴儿话都说不完全，但把这些不完全的话放在一起，冰心认为那是最完全的诗句。

　　放心写吧！大胆写吧！

　　肯定又有同学会说，我还是不会呀，请教教我吧！好，我先教大

家一种写诗的方法，那就是

把一个个字写成诗。

阅读著名儿童文学作家林世仁先生的《在想象中遇见诗》（福建少年儿童出版社，2021年4月版），我发现书中有一首诗特别有意思。这首诗部分内容是这样的：

盟

哇，盘子上盛着太阳和月亮，
谁的胃口这么大？
是宇宙恶魔的晚餐吗？
· · · · · · · · · · ·
盛在盘子里的
是珍贵又美好的"明天"，
要献给每一个对明天微笑的人。

林先生说："我们读书时，看到字，都是念过去，了解它的意思，不会特别停下来，去注意它的'长相'。学习生字时，我们也只会去记它是什么意思，部首是什么，有几画。

其实，汉字很有趣，每个字都长得很有个性。而且，有些字还像变形金刚，把它拆开来，各个偏旁仍然是一个字。如果我们用'看字说故事'的方法去联想，就会想象出一些很神奇的画面。只要大胆想象，看着一个字，也可以写出一首好玩的诗！"

这真是了不起的创作智慧。受此启发，高老师试了试，一下子写出了 3 首诗：

一

一对所有的字说：
"我是最牛的！
躺着是一，
站着也是 1 ！"

二不服气地说：
"我比你大，我才最牛。
我躺着是二，
站着也是，
拿出你的小手数一数，
那不是两个吗？"

一笑着说：
"那是两个 1 ！"
气得三躺在那里不敢站起。

二

二对一说：

"我分成两半，是两个一。

你分成两半是啥东西？"

一对二说：

"小笨二，看清楚，

我切成两半，

是两个一。

我切成三份，

是三个一。

你切成三份是啥东西？"

二拼命地切自己，

把自己切成了三份。

怎么变成了

六个一？

是不是很有意思？

三

三对二说：

"妈妈，您要尊重一。"

二对三说：

"你为什么叫我妈妈呀？"

三对二说：

"妈妈，你不认识老子吗？

老子曰：

'道生一，

一生二，

二生三，

三生万物。'"

把一个个字写成诗，好不好玩？只要你有想象力，所有的汉字都在等着你，等着你把它们变成世界上最美的诗。看看今天的语文课、数学课上，哪个字引发了你的思考。发挥你的想象力，将这个字写成诗。写下来，今天的日记不就完成了吗？

我的第一首"字"诗:

_____年_____月_____日/星期_____ 　　　　天气:_____ 心情:_____

自我评价:我喜欢我写的诗（　　）我的诗好玩（　　）下次继续（　　）

095

我班学生听了我的这一节课，每个人都写了起来。请大家欣赏几首他们写的诗：

吞

宗思彤

造字的仓颉

叫天告诉人们

谦虚一点

你的口吞不下天

慢慢地吃

慢慢地长

才能把两个"一"

顶在头上

水

陈语涵

你透如琉璃

你清如明镜

你注入小溪

潺潺舞动

你流入江河

奔腾浩荡

你流入大海

波涛汹涌

你流入千家万户

成了生命之源

梦

李沐莼

梦

每个人都会做

有甜的梦

有苦的梦

我的梦和你们的梦

不一样

因为我梦见

我变成了这首小诗

亲爱的小朋友，你们再写几首如何？

我的第二首"字"诗：

_____年_____月_____日 / 星期_____　　　　　　天气：_____ 心情：_____

自我评价：我喜欢我写的诗（　　）我的诗好玩（　　）下次继续（　　）

我的第三首"字"诗：

自我评价：我喜欢我写的诗（　） 我的诗好玩（　） 下次继续（　）

小学阶段，我们要学会写 2500 个字。中学还要学 2000 个字。我们的汉字，大概有 80000 多个。汉字与其他国家、其他民族的字不一样，每个汉字都是一幅画，每个汉字都是了不起的创造。展开想象，把这些字写成一首首小诗，你就把汉字学活了。学活了汉字，你的文章、书就会写得相当精彩了。

除了可以把一个个字写成诗外，其实——

万物万事皆是诗。

水果，大家都爱吃。拿到水果，看一看，想一想，慢慢地吃，品一品，很有可能一首诗就出现在你面前了。

我每天都会吃水果。有一天，我拿了一个橘子。我发现橘子皮上有 7 个小点点，它们很像天上的北斗七星。我一边走着，一边想着，就有了下面这一首小诗：

我的橘子

我的橘子在树上时，
蚂蚁肯定来拜访过它，
那七个似北斗七星的疤痕
可以作证。

“冤枉啊！冤枉！”

蚂蚁一把鼻涕一把泪地说，

“那是啄木鸟干的！”

“蚂蚁大哥，”

啄木鸟笑弯了腰，

“那是伟大的作品，

你为何不敢署名？”

“对不起，对不起，”

蚂蚁不好意思地说，

“我怕……我怕……

宝贝们迷了路，才……”

开学第一天，我早早地来到学校，看到一只猫跳进了空空的垃圾桶。我想了想，于是有了下面这一首诗：

学校的猫咪

开学第一天

垃圾桶里的那一只猫咪

你在忙碌啥呀？

找垃圾吃？

不是你的爱好！

找朋友玩？

小朋友刚刚开学！

找小宝贝？

你假期里把宝贝生在那里？

"喵喵喵。"

猫咪对我叫！

"我在寻找刚刚跳进去的小老鼠！"

有一天，我看到好多小朋友在摘树叶玩。回到办公室，我写下了当天的日记：

树哭了

小 W 摘下一片树叶，

拼命地在手中揉呀揉，

揉绿了那双小手，

却不知树儿在哭。

我每写一首诗，都会把它读给我的学生听。我的一首《教室》，让同学们笑得前仰后合：

教室

教室是一只老虎

铃声一响

把几十个小小孩吞进肚中

没过几秒

大胆的老虎

把老师也吞了

教室是一只老虎

铃声再响

几十个大小孩被吐了出来

一个个都笑开了花

老师也被吐出来

但被另外一只老虎吃了

教室是一只读不懂的老虎

吃进小小孩

吐出大小孩

吃进老师

吐出老师

我学生的日记里常常有诗。请看：

生日礼物
陈彦至

陈韦彤的生日要到了

我送她什么礼物呢

我过生日时

她送我一个存钱罐

我也送她一个

不，不行

她会不高兴的

考虑一下，考虑一下

干脆我把妹妹打包

送过去给她

友谊
潘德祥

友谊是什么

是一杯白开水

清澈见底

是一块糖果

让心灵跟着甜蜜

友谊是什么

是一个拥抱

让人们相互了解

是一块巧克力

入口即化

满嘴香甜

友谊是什么

是一棵松树

高高耸立

看似孤独

却有泥土的拥抱

友谊是什么

是一次次打闹

是一句句温暖的话语

翻开日记本

陈喆媛

翻开日记本

满是趣味

早已忘记的为人打抱不平

仿佛刚刚出现

句句都让我

情不自禁地笑起来

突然，一种伤感走到我面前

这一年，真的好短

翻开日记本

满满的回忆

今天与谁吵架了

明天又接受了谁的礼物

当时的气愤

如今看来

全是留恋

全是不知不觉地改变

没有生气

只有珍惜

谢谢你

我的日记本

在生活中，我们看到的万事万物，怎么才能变成诗呢？

2011 年诺贝尔文学奖获得者托马斯·特兰斯特勒默，他是个诗人，他是因为诗写得好而获奖的。他会使用很少的字来表达非常强烈的感情，会使用许多联想的手段。他说："诗人把自己耳闻目睹的一切——风、雨、日、月、天、地、人，通过个人文学与哲学的推动力及社会体验，熔铸成一个个独立的整体——诗歌。"

"通过个人文学与哲学的推动力及社会体验，熔铸成一个个独立的整体"不易懂，其实这句话可以这样来理解："通过个人文学"，就是让我们多读一些文学作品，比如读诗，诗读得多了，你的文学水平就会提高，如此，你就会写诗了；"哲学的推动力"中，哲学就是"爱思考"，就是你要对万事万物进行思考；"社会体验"，就是你自己的体验、感受。这句话的意思就是，把自己看到的"风、雨、日、月、天、地、人"等，结合自己读过的诗，想象起来，思考起来，找到自己独特的感受，写上几行就是诗。

有小朋友问："怎么思考呢？"

纪伯伦是这样教学生的："当你们用牙齿咀嚼一个苹果时，你们应在心中对它说：'你的种子将在我的体内生存，你明日的花蕾将在我心中开放，你的芬芳融入我的气息，你我将带着喜悦共度每一个季节。'"

名满天下的越南高僧一行禅师说："吃一个橘子，你应该先闻一闻它表皮散发出来的气味，观赏它的色泽，然后才用手指剥开它，感受那溅射出来的细雨般的汁液。吃的时候，你也应当慢慢地吃，以对待最昂贵食物的方式对待一个普通的橘子，专注而集中，仔细品味由酸至甜之间那最微妙的变化。"

就像这两位大师说的这样去想、去做，一首首诗就写出来了！接下来，你们写几首诗吧！

我看到了（　　　　　），想了想，写下了一首诗：

_____年_____月_____日／星期_____　　　　　　　天气：_____　心情：_____

自我评价：我喜欢我写的诗（　）我的诗好玩（　）下次继续（　）

我看到了（　　　　　　），想了想，写下了一首诗：

____年____月____日 / 星期____　　　　　　　　天气：____　心情：____

自我评价：我喜欢我写的诗（　）我的诗好玩（　）下次继续（　）

109

我看到了（　　　　　），想了想，写下了一首诗：

_____年_____月_____日/星期_____　　　　　　　　天气：_____ 心情：_____

自我评价：我喜欢我写的诗（　）我的诗好玩（　）下次继续（　）

110

还有没有我们可以用的方法？有！这种方法就是

把文章或书变成诗。

意大利儿童文学作家贾尼·罗大里看了《睡美人》这篇童话，写了一首诗——《睡美人》：

童话在哪里？
每个家里有一个。
在桌子的木头里，
在杯子里，
在玫瑰里。
童话躲在里面，
很久了，不说话。
她是一个睡美人，
需要将她唤醒。
如果没有一个王子，
或者一个诗人把她亲吻，
有个孩子将会
白白等待她的童话。

肯定有小朋友说，这样写诗太难了！其实不难，只要读过《睡美人》，再读这首诗，你们一定会说，这样写诗一点都不难！

听我读完《爷爷一定有办法》，我班的周思怡同学就写了一首诗——《无中生有了！》：

嚓哧嚓哧

爷爷一定有办法

大变小

旧东西变成新的了

嚓哧嚓哧

爷爷没了办法

纽扣没了

有变成真的没了

嚓哧嚓哧

我终于有了办法

感谢爷爷

没有的纽扣被写进故事里了

我在前面讲过，我们每一天最好要读一个小时的书。如果你们真的读了，可以选择一些书，像罗大里那样写写诗：

我读了《　　　　　　　　》，想了想，写下了一首诗：

_____年_____月_____日/星期_____　　　　　　天气：_____　心情：_____

自我评价：我喜欢我写的诗（　　）我的诗好玩（　　）下次继续（　　）

113

我读了《   》，想了想，写下了一首诗：

____年____月____日/星期____   天气：____ 心情：____

自我评价：我喜欢我写的诗（   ）我的诗好玩（   ）下次继续（   ）

我读了《   》，想了想，写下了一首诗：

____年____月____日/星期____   天气：____ 心情：____

自我评价：我喜欢我写的诗（   ）我的诗好玩（   ）下次继续（   ）

一个同学写 200 首诗，肯定需要很长的时间，这需要他有耐性。我相信有人做得到。当然我们也可以在极短的时间内完成这 200 首诗。一个班有 50 个同学，每人完成 4 首，不就是 200 首了吗？

　　才过了两个星期，每个同学都交来了十几首诗。就这样，我们班集体创作的第一本诗集就出现在大家面前了。我把这本诗集装订成书，送给他们每人一本。在这本诗集的前面，我也写了一首诗：

我们的第一本诗集

谁说我们不是诗人，

我们就跟谁急！

因为我们的第一本诗集就在这里。

谁说诗不好写，

我们就跟谁急！

因为几句话就是一首诗。

谁说写诗只是诗人的事，

我们就跟谁急！

因为很多人都会写诗。

谁说诗不能这样写，

我们就跟谁急！

难道像李白、杜甫、白居易的诗才叫诗？

谁说我们的诗没有诗意，
我们就跟谁急！
难道只有"飞流直下三千尺"才算作有诗意？

谁说我们的诗缺少韵律，
我们就跟谁急！
难道暂时不会用韵就不能写诗？

谁说诗应该有节奏、平仄，
我们就跟谁急！
难道限制我们、不给我们自由就是诗？

谁说我们的诗模仿别人的，
我们就跟谁急！
张志和之后有千万首《渔歌子》，难道也不可以？

谁说我们的诗没有创意，
我们就跟谁急！
我们没有抄袭，难道不是有创意？

谁说每人写四首算不上诗集，
我们就跟谁急！
我们怎么可能只写一本诗集就立即停止？

亲爱的小朋友，你们都是诗人：一个人写 200 首诗，可以构成一本诗集；你们几个人或全班同学一起合作在日记里写诗，凑够了 200 首，同样也可以构成一本诗集。

写起来吧，伟大的诗人就在你们这个队伍里！

亲爱的小朋友，你们真想成为一个超级大诗人吗？如果真有这个梦想，下面的书能给你们的创作提供力量：

1.《需要什么》：[意大利] 贾尼·罗大里著，[意大利] 西尔维娅·伯安妮绘，赵文伟译，安徽少年儿童出版社出版。

2.《一首能治愈鱼的诗》：[法] 尚·皮耶·希迈昂著，[法] 奥利弗·塔里克绘，武娟译，外语教学与研究出版社出版。

3.《你是我的奇迹》：[韩] 崔琡僖著，麦田文化译，天津人民美术出版社出版。

4. 谢尔·希尔弗斯坦作品集，共 9 册——《爱心树》《阁楼上的光》《一只会开枪的狮子》《失落的一角》《失落的一角遇见大圆满》《一只加长十分之五的长颈鹿》《人行道的尽头》《向上跌了一跤》《谁要一只便宜的犀牛》，[美] 谢尔·希尔弗斯坦著, 傅惟慈等译, 北京联合出版有限公司等出版。

5.《数学诗！》: [美] 贝琦·佛朗哥著, [美] 史蒂文·沙莱诺绘, 林良译, 重庆出版社出版。

6.《落叶跳舞》: [日] 伊东宽著／绘, 蒲蒲兰译, 二十一世纪出版社出版。

7.《日安课本》: [德] 约瑟夫·雷丁著, 绿原译, 湖北教育出版社出版。

8.《打着星星的灯笼——诺贝尔文学奖获得者与儿童的心灵对话》: 泰戈尔等著, 冰心等译, 湖北少年儿童出版社出版。

9.《当我很小的时候》: [英] A.A. 米尔恩著, 任溶溶译, 浙江少年儿童出版社出版。

10.《向着明亮那方》: [日] 金子美玲著, [日] 竹久梦二绘, 安然译, 新星出版社出版。

11.《狄金森诗选》: [美] 艾米莉·狄金森著, 蒲隆译, 人民文学出版社出版。

12.《百年中国儿童诗选》: 谭五昌、谯达摩、谭旭东选编, 北岳文艺出版社出版。

13.《感动小学生的100首儿童诗》: 陈忠文编, 九州出版社出版。

14. "写给童年的诗" 系列, 共8册——《跟在李白身后》(王立春著),《小哈哈斗哭精》(任溶溶著),《柔软的阳光》(金波著),《大肚子蜘蛛》(高洪波著),《绿叶之歌》（王宜振著），《小蚂蚁进行曲》（徐鲁著），《全世界有多少人》（薛卫民著），《蚂蚁恰恰》（萧萍著），江苏凤凰少年儿童出版社出版。

15.“世界经典儿童诗”系列，共6册——《只要好听我就听》《夜里什么人不睡觉》《假使丢了的东西能开口》《三幅画像》《没有实现的心愿》《捡了个烟斗的熊》，任溶溶著，新时代出版社出版。

第七招

2个月的暑假绝密日记

小学 6 年，有 6 个暑假，这种暑假绝密日记适合 3~6 年级的学生在暑假里创作。

什么是绝密？绝密一是指极端机密的（东西），二是指等级最高的密件。绝密的东西是不是只有一个人知道？只要你看过有关"绝密"的电影、电视剧，你一定会说："怎么可能只有一个人？最少也得两人及两人以上。"

什么是绝密日记？就是所写的日记除了自己之外，尽可能地不让他人看到。暑假绝密日记可不可以让爸爸妈妈看到？可不可以让同学们看到？这需要你自己根据所写的内容来定。

另外，绝密是不是永久的？世界上所有绝密的东西，都有时限，除非绝密的东西完全消失。绝密的东西中，有的 30 年就能解密，有的要 60 年、100 年才能解密。

你的暑假绝密日记，准备什么时候解密？这当然也是你自己说了算。

为什么要写绝密日记呢？

高老师特别喜欢一本桥梁书——《报告老师》，这是法国作家于贝尔·本·凯蒙的作品。

书中的主人公叫尼可，他不喜欢写日记。西蒙娜姨妈送他一个日记本，说："尼可，你拿去，想写什么就写什么吧！什么都可以写哟！"

这个漂亮的日记本，有着棕黄色的内页，封面是硬纸板做的，它与同学们买的日记本差不多。但这个日记本的不同之处在于，封面上刻着两个金色的字："绝密"。

尼可拿到日记本，看了看，想了想，立刻知道要写什么了。

他写好了，就把日记本藏起来。

没有想到，他每一天好像都有绝密的事，那些事都可以写在日记本里。

就这样，尼可爱上了写日记。

亲爱的小朋友，暑假来了，如果你们也有这个日记本，你们准备写什么呢？想一想，写几篇绝密日记。

我的第一篇绝密日记:《   》

____年____月____日/星期____   天气:____ 心情:____

这篇日记可以让(   )知道,我准备(   )年解密

124

我的第二篇绝密日记：《　　　　　　　　　》

____年____月____日/星期____　　　　　　　天气：____　心情：____

这篇日记可以让（　　　）知道，我准备（　　　）年解密

125

我的第三篇绝密日记：《   》

____年____月____日/星期____　　　　　　　　天气：____　心情：____

这篇日记可以让（   ）知道，我准备（   ）年解密

有的同学可能会说，哪有那么多的事是绝密的？高老师先来给你们讲几个故事。

囊萤映雪、凿壁偷光是非常有名的成语。这两个成语，是根据 3 个故事创造出来的。

第一个故事发生在晋代。车胤从小好学不倦，但因家境贫困，父亲无法为他提供良好的学习环境，没有多余的钱买灯油供他晚上读书。为此，他只能利用白天的时间背诵诗文。夏天的一个晚上，他正在院子里背一篇文章，忽然看见许多萤火虫在低空中飞舞。一闪一闪的光点，在黑暗中显得有些耀眼。他想，如果把许多萤火虫集中在一起，不就成为一盏灯了吗？于是，他找了一只白绢口袋，随即抓了几十只萤火虫放在里面，再扎住袋口，把它吊起来。这盏"灯"虽然不怎么明亮，但可勉强用来看书了。从此，只要有萤火虫，他就去抓它们来当灯用。由于他勤学好问，后来终有所成就，官至吏部尚书。

第二个故事讲的是孙康，他家里很穷，买不起灯油。一天半夜，孙康从睡梦中醒来，看向窗户时，发现窗缝里透进一丝光亮。原来那是大雪反射的月光。他发现可以利用这些光来看书，于是倦意顿失，立即穿好衣服，取出书，来到屋外，这里比屋里要亮多了。孙康不顾寒冷，立即看起书来，手脚冻僵了，就起身跑一跑，同时搓搓手指。此后，每逢有雪的晚上，他就不放过这个好机会，孜孜不倦地读书。这种苦学的精神，促使他突飞猛进，后来成为一位饱学之士，当上了御史大夫。

　　第三个故事发生在西汉时期。有一个少年叫匡衡，他特别希望能像学堂里的孩子那样跟着老师读书。可是，他家里很穷，实在没有钱供他上学堂。于是，他经常一个人躲在学堂外面，安静地听着里面的读书声。一位亲戚看见他这么喜欢读书，很受感动，就抽空教他认字。日积月累，他终于可以自己读书了。寒来暑往，匡衡一天天长大了。他每天从早到晚都在地里干活，只有中午休息、吃饭的时候才能看一会儿书。他晚上回到家里，因为没钱，点不起油灯，也不能看书。所以一卷书他常常要用十天半个月的时间才能读完。匡衡心里难过极了，却无计可施。一天晚上，匡衡从外面回家，周围一片漆黑，只有邻居家的窗户透着光亮。匡衡忽然想到了一个主意，狠狠拍了一下自己的脑袋，念叨着："以前怎么没想到呢！"回到家，他就在自己与邻居家共用的那面墙上摸索来摸索去，终于找到一处有破损的地方。他找来一把小刀，沿着破损的墙壁轻轻地抠，不一会儿，一道微弱的光线就从墙洞里透射过来。匡衡兴奋极了，不敢再继续抠，担心影响到邻居，于是，便借着这一点点光线看起书来。光线太暗了，看一会儿眼睛就酸痛酸痛的，他就稍稍休息一下，过一会儿接着再看。就凭着凿壁偷光这样的毅力，匡衡博览群书，下笔成章，终于成为一名学者。

亲爱的小朋友，这 3 个故事中的 3 个人所做的"捉萤火虫来读书""映着雪来读书""偷着光来读书"，对他们来说是不是绝密

的事？

　　你们学了那么多新知识，也将学习的过程当作绝密的事写下来吧，那肯定非常有趣，当然也非常有价值。那就赶紧写下来吧！

　　第一篇：我学了（　　　　　　　　　　　　）

___年___月___日/星期___										天气：___	心情：___

这篇日记可以让（　　　　　　）知道，我准备（　　）年解密

第二篇：我学了（　　　　　　　　　　　　）

____年____月____日/星期____　　　　　　　　天气：____　心情：____

这篇日记可以让（　　　　　　　）知道，我准备（　　）年解密

第三篇：我学了（　　　　　　　　　　　　　　）

___年___月___日 / 星期___　　　　　　　　　　天气：___　心情：___

这篇日记可以让（　　　　　　　　）知道，我准备（　　）年解密

亲爱的小朋友，你的爸爸妈妈给你买工具箱、实验箱了吗？我偷偷地告诉你，很多同学家里都没有这两种东西。如果你的亲戚或者爸爸妈妈的一些朋友在美国、德国、荷兰、芬兰等国家，你可以向他们了解一下，这些国家的孩子大都有自己的工具箱、实验箱。他们会利用周末、假期在家里做实验，然后把实验过程写下来，遇到不明白的地方就查工具书或问大人来弄明白。

每年暑假，我都会建议我的学生让爸爸妈妈上网给他们买个实验箱。买了的家庭都很喜欢实验箱。因为一家人一起做实验、写日记，一个暑假知道了很多很多的科学知识。而这些科学知识，全是他们自己通过动手、思考得来的，不容易忘。

一家人用实验箱做了实验，这就是你的绝密日记的内容，把它们写下来吧。

第一篇绝密小实验日记：

____年____月____日/星期____　　　　　　　　天气：____　心情：____

实	验	名	称	：								
实	验	器	材	：								
实	验	步	骤	：								
实	验	结	果	：								
实	验	收	获	：								

这篇日记可以让（　　　　　　　　）知道，我准备（　　）年解密

第二篇绝密小实验日记：

____年____月____日/星期____   天气：____ 心情：____

| 实 | 验 | 名 | 称 | : | | | | | | | | |

| 实 | 验 | 器 | 材 | : | | | | | | | | |

| | | | | | | | | | | | | |

| 实 | 验 | 步 | 骤 | : | | | | | | | | |

| | | | | | | | | | | | | |

| | | | | | | | | | | | | |

| | | | | | | | | | | | | |

| | | | | | | | | | | | | |

| | | | | | | | | | | | | |

| 实 | 验 | 结 | 果 | : | | | | | | | | |

| | | | | | | | | | | | | |

| 实 | 验 | 收 | 获 | : | | | | | | | | |

| | | | | | | | | | | | | |

| | | | | | | | | | | | | |

这篇日记可以让（   ）知道，我准备（   ）年解密

第三篇绝密小实验日记：

_____年_____月_____日/星期_____　　　　　　　天气：_____ 心情：_____

实	验	名	称	：								
实	验	器	材	：								
实	验	步	骤	：								
实	验	结	果	：								
实	验	收	获	：								

这篇日记可以让（　　　　　　　）知道，我准备（　　　）年解密

有的小朋友没有实验箱，还可以以"幸福"为主题写绝密日记。如果你不知道怎么写幸福，我给你推荐一些书，你可以买来读一读。

1.《我爱你》《我爱妈妈》《我爱爸爸》：[英]贾尔斯·安卓依著，[英]艾玛·杜德绘，唐米译，二十一世纪出版社出版。

2.《喜欢爸爸的理由》：[韩]崔在淑著，[韩]金荣洙绘；《喜欢妈妈的理由》[韩]崔在淑著，[韩]文球善绘；刘珊珊译，北京科学技术出版社出版。

3.《孩子，你的名字叫幸福》：[德]维尔纳·霍尔茨瓦特著，[德]亨宁·勒莱因绘，陈敏译，花山文艺出版社出版。

4."幸福的小土豆"系列，共5册——《唉呦，我生病了》《哈啰，小白菜》《啊哈，好大的胡萝卜》《哎呀，有怪兽》《叮叮当，变废为宝》，[比]甘特·塞杰斯著，[比]海蒂·德哈姆绘，于婉青、程雯译，海豚出版社出版。

5.《幸福的大桌子》：[日]森山京著，[日]广濑弦绘，蒲蒲兰译，二十一世纪出版社出版。

6.《绿熊和红熊：幸福的颜色》：[日]入山智著/绘，蒲蒲兰译，连环画出版社出版。

7.《三叶草带来的幸福》：[日]仁科幸子著/绘，文纪子译，北京联合出版有限公司出版。

8.《要幸福地活着》：[日]宫西达也著，彭懿译，北京科学技术出版社出版。

9. 《一只流浪狗的幸福生活》：[澳] 史蒂芬·麦克·金著，吴瑶译，电子工业出版社出版。

10. 《幸福的语言》：[韩] 崔琡僖著，千日译，天津人民美术出版社出版。

11. 《追寻幸福的蜗牛》：[德] 塞巴斯蒂安·劳斯著/绘，荣信文化编译，未来出版社出版。

12. 《松鼠先生找幸福》：[德] 塞巴斯蒂安·麦什莫泽著/绘，王晓翠译，长江少年儿童出版社出版。

13. 《幸福的猫头鹰》：[瑞士] 塞拉斯蒂诺·皮亚蒂著/绘，四月译，北京联合出版有限公司出版。

14. 《爷爷的幸福口令》：[日] 西本鸡介著，[日] 长谷川义史绘，彭懿译，二十一世纪出版社出版。

…………

即使没买这些书，看着这些书名，再想一想家人带给你的幸福，你也可以偷偷地将让你感到幸福的事写在绝密日记里。大家可以以"我的幸福七件套"为主题写七件幸福事，写完之后给爸爸妈妈读一读，这个暑假你肯定会过得相当愉快。

我的第一件幸福事：《　　　　　　　　　　》

这篇日记可以让（　　　　　）知道，我准备（　　）年解密

我的第二件幸福事：《   》

_____年____月____日/星期____   天气：_____ 心情：_____

这篇日记可以让（   ）知道，我准备（   ）年解密

我的第三件幸福事：《　　　　　　　　　　　》

____年____月____日/星期____　　　　　　天气：____ 心情：____

这篇日记可以让（　　　　　　　）知道，我准备（　　　）年解密

我的第四件幸福事：《   》

____年____月____日／星期____   天气：____ 心情：____

这篇日记可以让（   ）知道，我准备（   ）年解密

我的第五件幸福事：《   》

____年____月____日/星期____   天气：____ 心情：____

这篇日记可以让（   ）知道，我准备（   ）年解密

143

我的第六件幸福事：《 　　　　　　　　　　　 》

____年____月____日/星期____　　　　　　　　　　天气：____ 心情：____

这篇日记可以让（　　　　　　　　　）知道，我准备（　　）年解密

我的第七件幸福事：《   》

____年____月____日 / 星期____　　　　　　　天气：____　心情：____

这篇日记可以让（   ）知道，我准备（   ）年解密

国外的一家研究机构对放暑假的学生进行了多年的研究，发现放暑假让不少学生变"笨"了，成绩下降了。因为学生在暑假的学习不像在学校里那样有规律，他们在家看电视、玩游戏的时间变多了，其大脑也处于不想主动学习、主动思考的状态。

通过我的实验，我发现写绝密日记会让很多人更爱思考。因为写这种日记是好玩的，是不累的，是越写越快乐的。以这样的方式度过暑假，开学之后，人也会变得更加阳光。

第八招

100 位名人之信写起来

亲爱的小朋友，你家里有《亲爱的汉修先生》《再见了，汉修先生》这两本书吗？它们是美国作家贝芙莉·克莱瑞的作品，《亲爱的汉修先生》获得了 1984 年纽伯瑞儿童文学奖金奖，这两本书也是美国中小学生的必读书。

　　如果你没有这两本书，我建议你拥有它们。因为读了这两本书，你肯定会爱上写日记，还会爱上写信。

　　汉修先生是谁？他是一位作家，一位始终没有露面的作家。有一天，老师布置了一个任务：给自己喜欢的作家写信，问作家 10 个问题。不爱写作的小学 2 年级学生鲍雷伊因为喜欢汉修先生的书，就给汉修先生写信。《亲爱的汉修先生》这本书，一半内容是鲍雷伊给真汉修的信，他从 2 年级一直写到 6 年级；一半内容是他写给假汉修的信（日记），是从 6 年级开始写的。作者还告诉我们，所有的日记都是信。

　　而《再见了，汉修先生》全是日记，是主人公从读初一开始写的。

　　这两本书告诉我们，从 2 年级开始给自己喜欢的作家写信、写日记，能让不喜欢写作的学生爱上写作。

亲爱的小朋友，你们应该已经读了很多书，哪位作家是你最喜欢的？拿起笔，给他写一封信吧。

我给喜欢的作家写的第一封信：

___年___月___日/星期___									天气：_____ 心情：_____		
亲	爱	的									
		您	好	！							

我修改了几遍才寄出去的?（　　）遍　作家是否给我回信?（　　）

给科学家等名人写信

很多小朋友都喜欢给科学家写信。爱因斯坦成为科学家后，每年都能收到成千上万个小朋友写的信，他还回过许多信呢！当然也有很多信他来不及回。

①一个名叫第凡尼的小孩在 1946 年 7 月 10 日给爱因斯坦的信中写道："亲爱的先生：……我的老师说你在美国，我问她你是否葬在美国而不是英国。她说你还没有死，我听了非常激动……我和好友派托经常讨论天文学，这是我们课余之最爱。派托有一架望远镜，我们在学校里利用它夜观天象。我们观察到昴星团、猎户星座、双子座，还有火星和土星……我们曾经被抓到过几次，所以做这件事是很困难的……"

一个半月后，第凡尼收到了爱因斯坦的回信："亲爱的第凡尼：……很抱歉地告诉你，我仍然活着……我希望今后你和你朋友的天文研究不再被学校当局的耳目发现。"

②署名为"6 位小科学家"的学生在 1951 年给爱因斯坦的信中写道："亲爱的教授：……我们都是 6 年级的学生，在课堂上曾为争论一个问题而分成两派。我们 6 个人是一派，其余 21 个人加 1 位老师共 22 个人是另一派。我们争论的问题是：如果太阳熄灭了，人类灭绝了，地球上还会有生命吗……我们

相信即使太阳熄灭了，地球上也还会有生命。请告诉我们你的想法……希望你能加入我们，这样我们这一派就有6个小科学家和1个大科学家了。"

爱因斯坦的回信是："亲爱的小朋友：少数有时是正确的，但不是你们。如果太阳光没有了，那就会：没有小麦，没有面包；没有青草，没有牛群，没有肉食，没有牛奶。万物都冷冻了，也就没有生命了。"

③最有趣的是一个名叫安的小女孩用充满童真的字迹写道："亲爱的爱因斯坦先生：我是6岁的小女孩，我在报纸上看到你的相片，我认为你应该去理发，这会使你好看些。"

爱因斯坦没回信，但他看到信的当天就去理发了。

你知道哪些科学家？你最想给哪位科学家写信？你想问这位科学家什么问题？你可以先把信写在日记里，然后反复修改，最后在信纸上誊写好，然后寄出去。

我给喜欢的科学家写的第一封信：

_____年_____月_____日/星期_____ 　　　　　天气：_____ 心情：_____

|亲|爱|的| | | | | | | | | | | |
| | |您|好|！| | | | | | | | | |

我修改了几遍才寄出去的? (　　) 遍　科学家是否给我回信? (　　)

在国外，给名人写信是中小学生必须做的事。也就是说，作为学生要有给名人写信的经历。所以，他们常常会给市长、总统、科学家、足球明星、影星等写信呢！

凯尔塞·诺兰是英国曼彻斯特市的一名11岁的小学生。不久前，学校举行一年一度的学习竞赛，每名学生都必须写一篇主题为"飞机飞行"的论文。

同学们谁也没坐过飞机，也从来没和飞机进行过亲密接触。为了写论文，许多同学一头扎进图书馆查阅资料。机灵的凯尔塞却不满足于采用这种老套的方式，他决定向英国皇家海军"借"一架直升机，登上直升机亲自体验！借助互联网，凯尔塞很快就查到了英国皇家海军总司令乔纳森·班德的通信地址，并给他写了封信。他在信中说："我们学校正在举办一场主题为'飞机飞行'的学习竞赛，我认为亲自乘坐一次直升机是个不错的主意，相信您一定会给予我们帮助。"

出人意料的是，凯尔塞不久就收到了班德总司令的亲笔回信。班德总司令在信中对凯尔塞在学习中的积极性、主动性给予了充分肯定，并同意借给他一架直升机。

最终，班德总司令亲自下令让一架满载各种先进武器，价值1400万英镑的"山猫"海军直升机，由曼彻斯特市巴顿机场附近的军事基地起飞，直奔凯尔塞所在的学校。

当这架"山猫"降落在小学的运动场上时，师生们先是目瞪口呆，继而欢呼雀跃。随即，两名直升机驾驶员耐心地给同学们讲解了各种按钮的用途、空对地导弹和机载性能。

凯尔塞应邀登上直升机体验了翱翔蓝天的感觉，他兴高采烈地说："当直升机降落的时候，地面上刮起了一阵大风，整个过程太棒了！"

亲爱的小朋友，这可是真实的事。其实这样的信，你也能写。写了寄出去，说不定也会有奇迹出现呢！

我阅读过很多名家故事，最佩服 300 多年前的大数学家莱布尼茨。那时候还没有今天的计算机，外国人写字与中国人不一样，他们用羽毛笔，我们用毛笔。那时候人们的书写速度很难超过现在计算机的录入速度。莱布尼茨活到 70 岁，他给 1100 多人手写的信件有 1.5 万多封，留下 20 多万页手稿。德国和法国的出版家联手，从 1907 年至今出版了 40 多本相关的文集。

如果你从读小学开始，也能像莱布尼茨那样给 1000 个名人手写信件，他们可能会回信的。不管能否收到回信，写下这些信并收藏起来，肯定也是一件了不起的大事。

小事做多了，就会变成意义非凡的大事。

给课文、书中的人物写信

日本的学生，从小学 4 年级开始，每学习一篇课文，都要写两封信：一封是给文中某人物的信，另一封是以某人物的口吻写的一封回信。这两封信，日本学生可喜欢写了。写到 6 年级，很多同学都爱上了写作。最重要的是，他们对课文的理解更深刻了。

这样的信，我们也可以从 4 年级开始写。在 4~6 年级，我们要学习约 130 篇课文。每学期选择 5 篇课文，完成 10 封信，6 个学期就可以完成 60 封信。把这些信单独装订成一本书，时常读读。对于这些课文，你肯定会印象深刻。

我要给课文中的人物写信啦！这是我给《   》中的（   ）写的信：

_____年_____月_____日 / 星期_____　　　　　天气：_____　心情：_____

我对这封信十分满意（　　）　我的这封信还行（　　）

我替他回的信是这样的：

___年___月___日/星期___　　　　　天气：___　心情：___

我回的这封信很好（　　）　我回的这封信还行（　　）

亲爱的小朋友，用给课文中的人物写信、回信的方式写日记，既能让我们学好课文，也能让我们的写作水平得到提高。其实，我们也可以用这种方式给书中的人物写信，这也是很有意思的事。请看一个女生写给《西游记》中猪八戒的信。

肥肥猪八戒：

你好！

我是一个小学生，叫杨赛男。

趁着今天上作文课，我给你写一封信。

你知道我们穿的是什么样的衣服吗？那可不是像你那样，把大肚皮露在外面的衣服呀。我们可只有那些身材苗条的美女才露一点点平坦的肚皮，而且衣服颜色明艳，式样繁多，好看极了！嘻，羡慕我们吧。

你和你的神仙师兄弟们不是能呼风唤雨、腾云驾雾吗？今天，我们凡人也做到了。哪里久旱不雨，我们可以冲着那里的天空放几个大炮，雨马上就哗啦啦地下起来了，我们根本就不用去请龙王爷来帮忙。哎，你不是一直想见嫦娥姐姐吗？人类也已飞到月亮上面看过了，发现那里除了一些环形山以外，连嫦娥姐姐的影子都没有，是不是那里的生存环境太差了，嫦娥姐姐又搬回人间来居住了呢？你可得去打听打听。

这下，你可能要问了，我们是怎样飞上天的呢？这就是我们人类爱动脑子、勤奋研究的结果。这不，我国自行研制的神舟六号飞船成功发射升空，载着费俊龙、聂海胜叔叔在太空遨游了 115 小时 32 分钟，共 325 万公里呢。怎么样？你那本领最大的孙悟空师兄，一个跟头也就十万八千里，这么远的距离他得翻多少个跟头呀？看来，你得认我们这些凡人为师父了吧！你看，我们人类的科技多发达呀。

猪八戒，我真希望你能改掉好吃懒做的毛病，穿越时空，到我们现实生活中来，让我们来教你怎样腾云驾雾，成为本领更大的"神仙"。

盼望你尽早来到人间和我们一起快乐地玩耍。

祝

一天比一天帅气！

一个喜欢你的小学生：杨赛男

2006 年 5 月 16 日

亲爱的小朋友，你最近读了什么书？可不可以给书中的一个人写封信呢？

_____年_____月_____日/星期_____　　　　天气：_____ 心情：_____

我对这封信很满意（　　）　写得还行（　　）　还得努力（　　）

在日记里给爸爸妈妈写信

从我们正在使用的小学语文教材来看，大家是从 4 年级开始写信的。高老师看过很多国家的母语教材，发现很多国家的教材是从 2 年级开始教小朋友写信的。其实我们 2 年级的语文教材中有一篇课文——《一封信》，讲的是德国小朋友给爸爸写信。只要读过 2 年级的小朋友肯定不会忘记这篇课文。

给爸爸妈妈写信，然后让爸爸妈妈给你们回信，这件事，你们应该做。为什么呢？

因为在这个世界上，爸爸妈妈最爱孩子。

每个人在一生中都会遇到很多很多问题，而爸爸妈妈会尽全力帮助你解决问题。用写信的方式向爸爸妈妈说清楚所有问题，爸爸妈妈一定会与你共渡难关。

一个人离开家门，外出工作，最牵挂你的人，往往是爸爸妈妈！一定要经常给爸爸妈妈写一封又一封信报平安。

有同学会说，这是写信，不能把信当作日记，不要把日记与信混淆了。我在前面向大家介绍了《亲爱的汉修先生》，只要你读了这本书，就能明白我的用意。

亲爱的同学们，你愿意在日记里给爸爸妈妈写信吗？这段时间，如果你觉得哪些事不能直接和爸爸妈妈说，可以试着给他们写一封信，当然你要建议他们回一封信。

我给爸爸妈妈写的第一封信：

____年____月____日/星期____   天气：____ 心情：____

爸爸妈妈给我回的第一封信：如果爸爸妈妈回的信写在信纸上，可以把回信贴在下面！

亲爱的小朋友，你们都会长大的。你们长大后，也会有自己的小宝贝。给爸爸妈妈写信，然后把这些信和爸爸妈妈的回信放在一起，说不定它们会成为世界名著呢。

不信的话可以读一读《曾国藩家书》《傅雷家书》《胡适家书》《从文家书》等，这些书都成为名著了！

你写一封信，它可能难以成为名篇名著，但写得多了，就更有机会成功了！

第九招

12 年的我：自传体日记

十多年前，我教过一篇课文——《天火之谜》，此文值得一读。请看：

　　地球上空每年都要发生几十亿次雷暴，它能把人击倒，将高大的树木劈成两半。古时候西方人把雷暴看作是"上帝的怒火"，中国人则把它称为"雷神"。长期以来，雷暴在人们的心目中一直是种可怕的东西。

　　那么，雷暴到底是什么呢？这个谜团直到18世纪才被美国科学家富兰克林解开。

　　富兰克林早就观察到，天上的雷暴与静电放电现象有很多相似之处：它们都会发光，光的颜色相同，光的方向相似，都伴随着爆炸声，都能毙伤动物……由此他大胆地推测，雷暴就是人们熟知的放电现象。这种推论现在看起来不足为奇，但在当时却是令人难以置信的。人们已经习惯地认为天上地下是两个世界，雷暴是神灵的火焰，怎么可以同人间的事物混为一谈呢？不仅一般人不相信他的推论，就连许多自称有学问的人也对他冷嘲热讽。面对人们的取笑，富兰克林决定通过实验来揭开雷电的秘密。

　　1752年7月的一天，天空乌云密布，雷电交加。富兰克林在儿子的帮助下，把一只风筝放上了高高的天空。风筝上拴了一根细铁丝，用来吸收云中的"天电"。放风筝的线是用麻绳做的，绳子下端结上一段丝带，在麻绳和丝带的接头处系着一把铜钥匙，富兰克林站在房子里面攥住丝带。风筝越飞越高，远远望去，犹如云海里的一叶小舟，颠簸着，摇晃着。一片乌云掠过风筝上方，富兰克林发现麻绳上的纤维"怒发冲冠"般地竖了起来。这是麻绳带电的信号！突然，一道闪电劈开云层，在天空划了一个"之"字，接着一个炸雷，大雨倾盆而下。麻绳淋湿后就成了能使电流通过的导体。这时，富兰克林用手指靠近铜钥匙，"啪"的一声，骤然闪现一道蓝色的火花，他的手臂一阵发麻。富兰克林欣喜若狂地喊道："成功了！成功了！我捉住'天电'了！"

"风筝实验"震惊了世界。它向世人宣告，雷暴只是普普通通的放电现象，"上帝的怒火"不过是无稽之谈。

后来，富兰克林根据放电的原理，发明了避雷针。这样，雷电轰鸣时，高大的建筑物就安然无恙了。

——选自苏教版《语文》5 年级上册

你们知道这篇课文出自哪里吗？答案是《富兰克林自传》！你们知道这本书在美国有多大的影响力吗？这是美国历史上第一部自传，它的问世让很多美国人一下子悟出"人人都可以写自传"。

这本书最伟大的贡献就是，让美国人写起了自传，让美国人明白写自传是人生中一件大事。这本书也是美国中小学生的必读著作，美国多个州的中小学母语教材会摘编此书中的片段，然后引导学生全方位地学习这本书。

美国中小学生喜欢写作，也与富兰克林创作的这本书有关。据统计，20 世纪出版自传最多的国家就是美国。

我希望大家也读一读这本书。我教这篇课文时，与学生共同读了这本书，然后又给学生读了如下自传型绘本。

1.《有一天》[美]艾莉森·麦基著，[加]彼德·雷诺兹绘，安妮宝贝译，新星出版社出版。

2. "名人传记"系列，共7册——《鞋子里的盐：迈克尔·乔丹》《爱看书的男孩：亚伯拉罕·林肯》《自由的苹果：海莉·塔布曼》《飞行者：莱特兄弟》《怪男孩：阿尔伯特·爱因斯坦》《伟大的一步：尼尔·阿姆斯特朗》《生命之树：达尔文的一生》[美]唐·布朗 等著/绘，刘清彦等译，北京联合出版有限公司出版。

3. 谁是谁·启发精选世界名人传记，共6册——《谁是乔布斯》《谁是安妮·弗兰克》《谁是达·芬奇》《谁是海伦·凯勒》《谁是莫扎特》《谁是尼尔·阿姆斯特朗》[美]罗伯塔·爱德华兹等著，[美]斯蒂芬·马凯西等绘，陈杰等译，北京联合出版有限公司出版。

4.《精彩过一生》：[英]芭贝·柯尔著/绘，柳漾译，北京联合出版有限公司出版。

5.《味儿》：[加]彼德·雷诺兹著/绘，邢培健译，南海出版公司出版。

6.《一片叶子落下来》：[美]利奥·巴斯卡利亚著，任溶溶译，南海出版公司出版。

7.《小象巴贝尔的故事》：[法]让·德·布吕诺夫著/

绘，伊犁译，人民文学出版社出版。

8.《田鼠阿佛》《一只奇特的蛋》《小黑鱼》：[美]李欧·李奥尼著／绘，阿甲等译，南海出版有限公司出版。

9.《布鲁姆博士搞不懂》《布鲁姆博士卡住了》《布鲁姆博士去游泳》：[德]丹尼尔·纳波著／绘，王星译，湖北美术出版社出版。

10.《闪电鱼尼克：一条爱读书的鱼》：方素珍著，方素珍、江书婷绘，中信出版集团出版。

11.《鳄鱼爱上长颈鹿》《天生一对》《搬过来，搬过去》《一顿又惊又险的早餐》《不一样的圣诞节》：[德]达妮拉·库洛特著／绘，方素珍译，少年儿童出版社出版。

12.《让爸爸生气的10个方法》《让妈妈生气的10个方法》：[法]西尔维·德玛丘斯著，[法]塞巴斯蒂安·迪奥洛让绘，闫婷译，北京科学技术出版社出版。

接下来，我建议你在整个6年级，以"我的童年小传"为主题写日记。怎么写？把自己0~12岁的照片找出来，问问爸爸妈妈等亲人自己小时候的趣事，然后从自己出生时写起，看看用一年的时间能不能完成一本书。

下面是一个女生的自传节选：

《汪芷伊自传》节选

第一章　出生

我还依稀记得小时候的一点点事，不过其中大部分都是奶奶或外婆以睡前故事的形式讲给我听的。

我还记得外婆给我讲过，我是剖宫产的。我在妈妈肚子里喝了羊水，所以才会连累妈妈。

大家都说我妹妹是爬出来的，而我呢，则是被抱出来的。对此，我有两种不同的看法。

一、纯粹是谎言，没有小孩一出生就会爬，而我妹妹是到了八个月才会爬的。

二、或许小孩子生出来时真的会爬，但可能羊水里酒精太多了，我喝醉了之后睡着了，所以才被抱出来的。

我认为第二种比较靠谱。

第二章　1岁

我已经完全不记得我从出生到1岁，甚至2岁时的所有事情了。真的！所以，我只好问一下可爱的奶奶了。

我的奶奶一说起这些事，就好像坏了的水龙头，开了之后就关不上了，话匣子一打开就关不了。

"你小时候，那个皮呀，到了1岁之后就在家里上蹿下跳的，虽然可爱，但还是很危险呢！我记得有一次，我在打扫卫生，你爬到了床头柜上！我看到时吓死了，你突然手一松，幸

173

好是掉在了床上，不然的话，那结果可没法想象！"奶奶滔滔不绝地讲道，"虽然有过这次危险的经历，但是你呀，还是那个样子——上蹿下跳。"

说罢，奶奶竟然拉着我深情地跳起了舞，边跳舞边说："你虽然在家里上蹿下跳、活泼可爱，可一到了外面，见了生人，立马360度大转变，哭丧着脸，呆坐在那儿。"

我听了之后，不好意思地笑了——小时候的我太可爱了！

突然，砰的一声，我摔在了地上。

"哎哟！"我嚷着，"疼死了！"

"呵呵！"奶奶笑道，"你还是像小时候一样爬吧，至少不会摔跤！"

第三章　2岁

我在前面一章里提到过：从出生到2岁的所有事情，我都不记得了，只好去问一问可爱的奶奶。哦！等一下，我突然想到一件至关重要的事：如果问了奶奶，会不会出现和上次一样的情况呢？我可不想再摔一次了！我还是去问老爸吧！

老爸和奶奶正好相反，如果说奶奶是"关不上的水龙头"，那么老爸就是"一管牙膏"，一定要你去挤一下，他才出来一点，你不挤他，他肯定是不会出来的。

所以，就在我喊了"老爸"几百次之后，他终于"挤"出了一句话来："你干吗呀？"我彻底崩溃了，只好硬着头皮，把来意又说了一遍，希望老爸能"提供情报"。

老爸终于同意了，我真是大喜过望！

可我高兴得太早了，竟然忘记了一件事儿，老爸是"一管牙膏"呀！唉，也只好这样了。以下是我俩的对话。

"老爸，我2岁时会走路了吗？"

"呼噜，呼噜！"

我在想，我应该是会走的："应该会了吧！""会，会，会，当然会了！"

"我原来从小就有了做天才的基础呀，哈哈！"我一边说一边准备问下一个问题。可是，老爸怎么这么快就睡着了？"嘿！嘿！"我使劲地摇着老爸。

但是这个举动完全没有打扰我老爸的睡眠，我哭笑不得。

我现在只好再去问奶奶了。

奶奶又一次"口若悬河"："2岁时，你虽然会走路了，但平常还是爱爬。外出时，你还是改不了害羞的习惯，总是缩头缩脑的，太胆小了。还有，你外出时还不愿意自己走，还要有人来抱你，一直喊：'奶奶……奶奶……奶奶，抱抱……抱抱……'我也只好抱你。"

"哇！原来我小时候还有这么多的故事啊！"

第四章　3岁

对于3岁的事情呢，我还有一星半点儿的模糊记忆，但是光凭这点儿记忆，还不足以填满半张纸呢。所以，我准备再一次去问我的家人。

走到楼上我才想起来，老爸去蒸桑拿了，奶奶已经回老家了，我只能去问妈妈了。

妈妈在书房里看电视剧（她无聊时经常这么做）。我走到书房门口，站在门边想吸引妈妈的注意力，用嘴发出"噗丝、噗丝"的声音（我无聊时经常这么做）。可妈妈看得太投入了，根本没有注意到我的存在。我刚想用"河东狮吼功"时，妈妈突然说了声"请进"。吓死我了，害得我只好把刚要放出来的"功力"收了回去。

我轻轻地走了进去，妈妈问我："干吗呀？有啥事呢？"

我把事情从头到尾地讲了出来，妈妈"意味深长"地点了点头，然后娓娓道来："你3岁的时候，我上班不忙，不像现在这样。那时候，你奶奶一打电话，我就能回来。我一回到家，你就嚷着要我给你读书，我也只好给你读。唉！"

"啊！我先记这么多吧。妈妈拜拜！"

记好了妈妈所说的话，我再一次计划"偷袭"妈妈。这次我做好了充分的准备，拟定方案，删除旧招，换上新法……

很快地，我便开始了新一轮的行动。为了一鼓作气，我把"遗弃"了好久的小腰鼓拿了出来，边敲边扭起了秧歌，猛然间又想到，这样会被妈妈发现的。

我那时候不知是脑子抽筋还是怎么了，竟然想到要去问妈妈有没有发现我。幸好我及时反应过来了，不然这个拟定了好久的方案就要宣告失败了。

对了，对了！我还没有告诉你们这个"珍贵"的方案呢，听好了！（"√"代表完成）

第一步：一鼓作气。（√）

第二步：轻手轻脚爬进书房。（　）

第三步：趁妈妈不注意，迅速爬到她身后。（　）

第四步：用手捂住妈妈的眼睛，"威胁"她。（　）

第五步：逼她说出我3岁时的事。（　）

现在开始实行第二步。

我轻轻地弯下腰，趴在地上，慢慢地向书房移动。近了！近了！汪芷伊接近书房了！

惨了！妈妈把头转过来了。我连忙坐起来，装作在玩。太棒了！妈妈又转过去了，我顺利进入书房！第二步完成。

接下来的第三步和第四步也非常成功。可在第五步时，我本以为妈妈会先不说，要被"拷打"后才招，可是妈妈竟然一下子就答应了。算了，答应就好。

妈妈如实"招供"："那时候你已经不上三之三幼儿园了，改上实验幼儿园。我们那时候还没搬家，住在2号楼202室。我们小区里的好多小朋友都是你现在的同班同学，比如刘晶晶，也就是刘嘉欣；大宇，也就是黄俊宇……对了，有一个小男孩你还记得吗？就是……就是李渔。他小时候和你上一个幼儿园，现在他上实验小学了，他的小名叫淘淘。"

"哦，他呀，我记得，就是以前还说长大后要我和结婚的？"我说。

"BINGO（正确）！他在上幼儿园时还说过要保护你。"

"够了，够了，今天到此为止。"我边说边走回房间。

亲爱的小朋友，这件事是 6 年级学生应该做的。

这是对自己 12 年回忆的记录。

这是你们人生的第一部自传。

如果这一年不记录这些，很多很多事可能就会被你永远忘记了。

找一个漂亮的日记本，写起来吧，用一年的时间！

第十招

30 本日记书，我要读

我特别喜欢《写我人生诗》这本书，这是美国作家塞琪·科恩的作品。书中有一段话："诗的写作只能来自对诗的阅读，唯有阅读才能使写作的泉眼永远活泼新鲜，舍此别无他途。"这句话的意思是，你们要想成为诗人，要想写出大量充满创意的诗句，必须大量地阅读诗歌。你们想写好日记，写出创意十足的日记，同样必须大量地阅读有关日记的书。

我还特别喜欢《阅读的力量》这本书，这是美国作家斯蒂芬·克拉生的作品。他说："写作能力是从阅读中培养的。更精确地说，从阅读中，我们学会写作风格这种独特的写作语言。但人们一般的想法是写作能力是从实际写作过程中培养的，这是错误的。史密斯先生在1988年就通过实验告诉我们为何不能从写作过程中学写作。如果你每天写一页的东西，你驾驭文字的能力并不会得到提升。只有每天读几十页，每天写一页，你驾驭文字的能力才会得到明显的提升。"这段话对于你们来说，可能比较难懂。其实，这段话的意思很简单，就是如果每天只写日记，不多读读书，你写日记不会有多大的进步，甚至没有进步。如果你每天能用40分钟读书，再用15~20分钟写日记，坚持写，要不了多久，你就会有非常大的进步。

还有一本书我也相当喜欢，那就是《教会学生写作》。这是美国的魏姬·厄克特和莫内特·麦基沃两位老师的作品。这本书中有这样一段话："读得越多，写得越好。有人问他们：'我读了不少书，为什么还不会写，或者写不好呢？'答案只有一个，就是读得还不够多。"

有同学肯定会说："高老师，怎么你列举的3本书都是美国的，难道我们中国人就没有这样的论述吗？"有！唐朝诗人杜甫的长诗《奉赠韦左丞丈二十二韵》中有一句，可谓妇孺皆知，这句诗就是："读书破万卷，下笔如有神。"这句诗理解起来简单极了。你们说，杜甫是不是非常了不起？他在唐朝时就告诉人们，读万卷书，才能写出有神的诗文。

如果从"读书破万卷"来看，我们要想写出有神的日记，读30本书，多吗？有的同学看到这里，可能想打退堂鼓了。千万别打退堂鼓，你们应该与爸爸妈妈一起看这些书，相信你们的爸爸妈妈会非常开心地做这件事，因为他们以前可能没有看过这样的书。这30本/套日记书如下。

1.《金鱼日记》：[美]德文·斯克里恩著，[美]蒂姆·鲍尔斯绘，常骥超译，北京联合出版有限公司出版。

2.《院子的日记》：[葡]伊莎贝尔·米尔斯·马丁斯著，[葡]贝尔纳多·卡瓦略绘，杨磊译，广西教育出版社出版。

3."永田爷爷的动物观察日记"系列（10本）：[法]瑟伊出版社著/绘，张艳译，北京科学技术出版社出版。

4.《泰格的丛林日记》：[波兰]普热梅斯瓦夫·维和特洛维奇著，[波兰]艾米莉亚·佐贝克绘，谢萌译，阳光出版社出版。

5.《蜘蛛的日记》：[美]朵琳·克罗宁著，[美]哈利·布里斯绘，侯超译，北京科学技术出版社出版。

6.《苍蝇的日记》：[美]朵琳·克罗宁著，[美]哈利·布里斯绘，侯超译，北京科学技术出版社出版。

7.《蚯蚓的日记》：[美]朵琳·克罗宁著，[美]哈利·布里斯绘，侯超译，北京科学技术出版社出版。

8.《和青蛙在一起》：[日]松桥利光著，[日]木场叶子绘，张东君译，北京联合出版有限公司出版。

9.《和鸟儿一起睡午觉》：[日]松桥利光著，[日]木场叶子绘，张东君译，北京联合出版有限公司出版。

10.《兔子怕怕》：[日]松桥利光著，[日]木场叶子绘，张东君译，北京联合出版有限公司出版。

11.《亲爱的汉修先生》：《再见了，汉修先生》，[美]贝芙莉·克莱瑞著，[美]保罗·欧·泽林斯基绘，万华译，新蕾出版社出版。

12.《马燕日记》：马燕著，江苏凤凰文艺出版社出版。

13.《爱的教育》：[意]德·亚米契斯著，夏丏尊译，译林出版社出版；《续爱的教育》：[意]孟德格查著，夏丏尊译，中州古籍出版社出版。

14.《航海日记》：[意]克里斯托瓦尔·哥伦布著，孙家堃译，译林出版社出版。

15.“小屁孩日记”系列（26本）：[美]杰夫·金尼著，朱力安译，新世纪出版社出版。

16.“小屁孩日记”系列（中国版）：（大概有二三十本），

黄宇著，春风文艺出版社出版。

17.《我今天写什么日记》：[韩]郑雪芽著，许吉蓉译，辽宁科学技术出版社出版。

18."我的第一本日记"系列（4本）：单瑛琪著，江苏少年儿童出版社出版。

19.《捣蛋鬼日记》：[意]万巴著，龚勋编译，北京日报出版社出版。

20.《永不变老的日记》：[美]琼·W.布洛斯著，罗玲译，晨光出版社出版。

21.《安妮日记》：[德]安妮·弗兰克著，王辰译，江西美术出版社出版。

22.《中国日记》：[英]大卫·霍克尼、斯蒂芬·斯彭德著，李博文译，浙江人民美术出版社出版。

23."季羡林日记：留德岁月"系列（6本）：季羡林著，江西人民出版社出版。

24.《钱玄同日记（整理本）》：杨天石主编，北京大学出版社出版。

25.《胡适日记》：沈卫威编，山西教育出版社出版。

26.《叶圣陶日记》：乐齐编，山西教育出版社出版。

27.《茅盾日记》：查国华、查汪宏编，山西教育出版社出版。

28.《名家谈日记》：康健、杭世金著，同心出版社出版。

29.《纪德读书日记》：[法]安德烈·纪德著，刘铮选译，商务印书馆出版。

30."王伯祥日记"系列（中国近代人物日记丛书，全20册）：张廷银、刘应梅整理，中华书局出版。

这些书足够你看很长时间。现在生活条件好了，许多学生都有自己的书柜。如果你的书柜里有这些关于日记的书，你每天在写日记之前可以读30~40页，读着读着，你就知道怎么写日记了。你也可以先把日记写完，然后读一读作家们写的日记。坚持边读边写，边写边读，怎么可能写不好日记呢？

后记 从怕写日记，到爱写日记

很多小朋友可能会说，我怕写日记，非常害怕，老师一布置这项作业，我就怕。

亲爱的小朋友，写日记不是作业，而是自己记录自己。为什么要自己记录自己？因为我们人天生会遗忘！我们的每一天中，都会有很多精彩瞬间，甚至有很多创造，如果不将它们记下来，我们很快就会遗忘，甚至永远也想不起来了。可惜不可惜？亲爱的小朋友，你自己说说看。

人与动物最大的区别是什么？我认为最大的区别是：人发明了文字，并且能用文字记录很多故事，创造很多故事。这一点除了人之外，没有哪种生物能做到。

我们学了那么多文字，读了那么多书，当然应该把自己大脑所想、双手所做的事，以及别人帮助自己的好事记录下来。自己创造了那么多精彩瞬间，如果不记录下来，我们与其他生物又有什么不同呢？

我知道，学生害怕写日记有很多原因，但不得不说，非常重要的原因与我们老师的教育有关。比如学生的日记中出现错别字、不通顺的地方，内容写得太少，纸面脏乱，老师给的评价就不高，从而导致许多学生丧失了写好的信心。

但愿老师们看到下面的文字能有所反思：

学生的日记中出现错别字，老师可以直接改过来，也可以不改；

学生的日记中出现不通顺的句子，老师可以直接改过来，也可以不改；

学生写日记时出现写得太少的情况，老师可以建议他们补充内容，也可以不给建议；

学生的日记写的是流水账，老师不要改，更不要批评；

学生的日记写得又脏又乱，请不要批评！

对于这些问题，我是不改的，我认为写满5行，就算优秀。虽然学生的日记有不少问题，但我读完之后能判断出他写的是什么，这就可以了。

有的老师会说，这怎么能行？长期下去，学生写作不可能有进步。说得对！接下来，让学生做最重要的事，也是每天必做的事——读一个小时的课外书！书读得多了，日记天天写了，错别字才能越来越少，文章才能写得越来越长、越来越好。

我曾经教过一个孩子，她3年级开始写日记，写5行字，错别字多达20个。我鼓励她好好写，学会超越自己，一行一行往上加。我鼓励她的妈妈，每天与她共读一个小时的书，不要急。一个学期下来，这个小姑娘的日记超过了一页纸，一页240个字的日记，错别字只有两三个了。3年级下学期的时候，她的好多篇日记居然达到了8~10页，一篇日记有2000多个字呢！其中的错别字和不通顺的句子，你得细看才能发现两三处。小姑娘与她的爸爸妈妈都高兴极了，都说我的这个方法好。

其实这个方法不是我的发明创造，而是我向美国小学老师学的。美国小学生是从1年级开始写作的。别以为美国小朋友比我们聪明，写的文章没有一点错误。他们一个班级有15~25人，1年级的时候，所有学生的文章中都有错误：一个句子如果有10个单词，有错误的单词超过7个的，占80%以上，少一个"a"，多一个"e"，那是相当正常的事。但他们所写的东西，老师都能看懂。老师们认为，学生的文章不能改，原因有三：一是改了之后，学生看到那么多的错误，下次不敢写了；二是老师的任务繁重，根本没有精力改；三是所有的错误都不影响学生的表达。他们的做法就是让学生大量阅读，让正确的词语反反复复地出现在学生的面前。就这样，这些学生到了2年级写的由10个单词组成的句子，只有3~4个错误了。继续阅读，到了3年级，他们写的一个段落里只有3~4处错误；到了5~6年级，他们的一篇文章中也就只有3~4处错误了。

孩子写作的规律就是这样的！文章是读出来的，是写出来的，不是成人改出来的，更不是批评而来的。

希望我们人人都能写日记，会写日记，爱写日记！

最后，我要感谢人民邮电出版社的支持！感谢朱伊哲老师对拙作付出的心血！感谢设计老师的大智慧！

高子阳

2022 年 9 月 20 日